EYRIGNAC

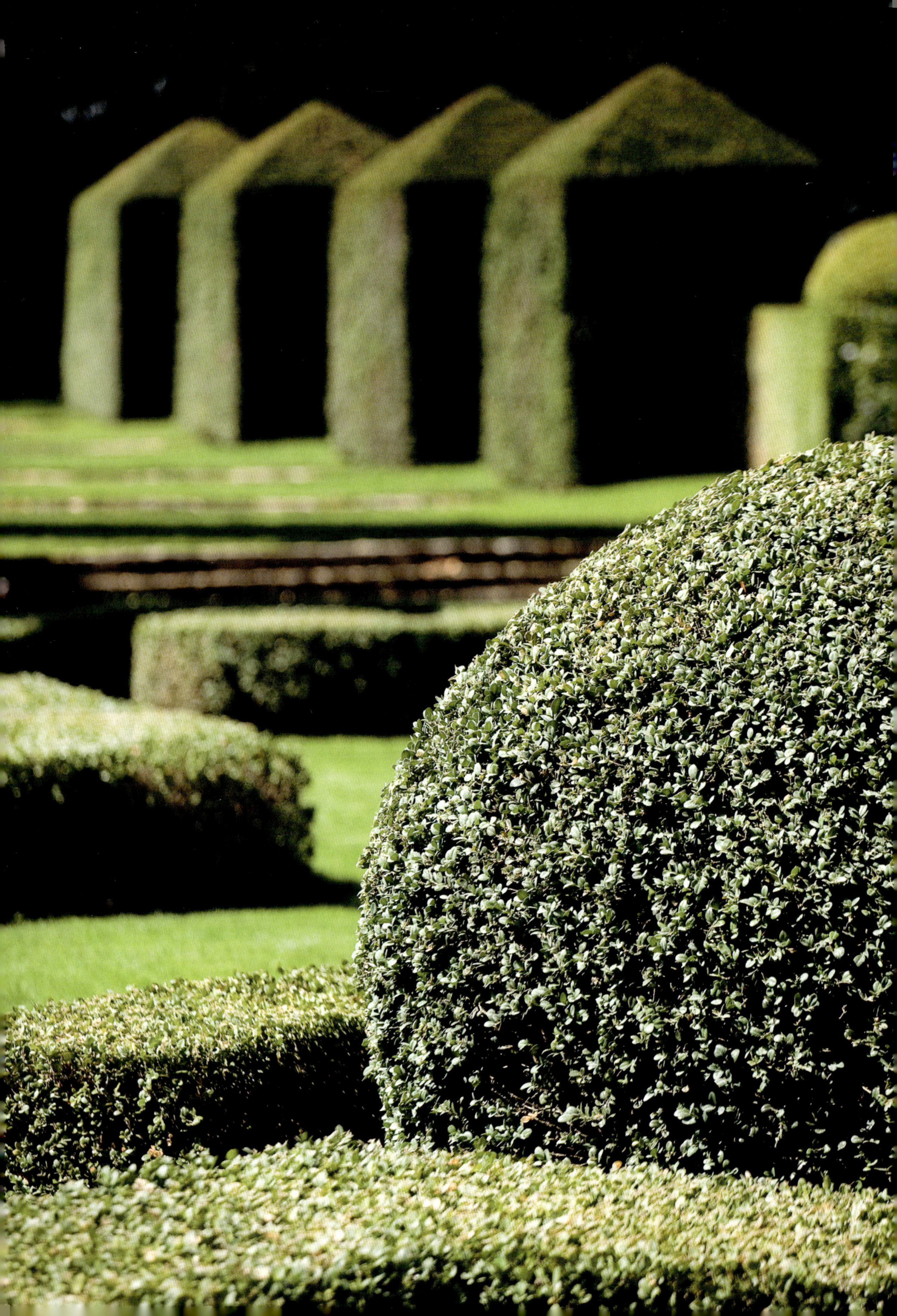

EYRIGNAC

Préface / Foreword
Bernadette Chirac

Photographies / Photography by
Eric Sander

ULMER

PRÉFACE / FOREWORD

Bernadette Chirac

Au cœur des collines du Périgord noir se cache un jardin secret, un patrimoine privé entretenu sous le signe de la passion. Cette rencontre eut lieu la première fois en 1997 et le coup de foudre pour ce joyau végétal fut une évidence.
La tradition française du travail à l'ancienne, la précision de la taille, la maîtrise des végétaux, la perfection des détails : tout est harmonie dans la rigueur.
Patrick et Capucine Sermadiras, les propriétaires actuels, continuent de privilégier l'exception d'un des plus beaux jardins de France et c'est avec plaisir que j'ai accepté de préfacer ce livre.
L'art topiaire prend ici tout son sens. L'allée des charmes, si puissante, est un chef d'œuvre d'architecture végétale. Les arabesques du Jardin français, les spirales de buis, les ifs à plateaux sont autant de tableaux de la nature qui rendent hommage à cet art de discipliner les végétaux, telles des sculptures, et de les orchestrer, tel un virtuose, dans toute une symphonie de vert. Ces jardins d'élégance française et italienne, monuments historiques, son empreints de l'amour d'une famille depuis plus de 500 ans : Eyrignac est un lieu vivant, un lieu en mouvement, habité toute l'année. Nombreux sont les jardins qui, bien que magnifiques, ne possèdent pas ce « petit quelque chose », ce supplément d'âme qui existe à Eyrignac, parce que chaque jour, depuis toujours, un œil attentif le regarde, un pas serein le parcourt.
J'aime venir et revenir à Eyrignac, telle une invitation au voyage : ce fut pour partager une visite avec ma mère en 1998 ou pour l'inauguration de la dernière création, le jardin blanc, en 2002. Témoin de ce moment, Gilles Sermadiras, dernier descendant de la famille, m'aida à couper le ruban à cette occasion. Ce jardin le voit grandir et veille sur lui. Un jour prochain, il se promènera dans son jardin, avec dans le cœur et l'esprit, cette même volonté depuis 22 générations, de préserver l'âme et l'intimité de ce jardin secret.
Ma dernière visite fut en compagnie de mon mari, le Président, l'été dernier. Nous reviendrons bien volontiers.
Les jardins du manoir d'Eyrignac représentent l'excellence dans l'art des jardins. Ils sont uniques et exceptionnels.

Bernadette Chirac

Hidden in the hills at the heart of the Perigord Noir lies a secret garden, a family's private heritage, that is cared for with a deep and undying passion. That was obvious to me in 1997 when I first encountered this jewel of a garden and immediately fell in love with it.
The French tradition of working by hand, the precision of the pruning, the control over the plants, are all proof of this passion.
Patrick and Capucine Sermadiras, the current owners, continue to preserve the special features that make this of one of the most beautiful gardens in France, and I am delighted to accept their invitation to write a preface to this book.
Here the art of topiary is seen in all its forms. The powerful Hornbeam Walk is a masterpiece of living architecture. The arabesques of the French Garden, the box spirals, the yews trimmed into discs, are like tableaux of nature that pay homage to this art of controlling plants to look like sculpture, and orchestrating them in a virtuoso way into a complete symphony of green. These gardens, with their French and Italianate elegance, are Historic Monuments, the signs of a family's love for more than 500 years, because Eyrignac is a living place, growing, ever-changing, and it is lived in all year round. There are innumerable gardens which, although magnificent, do not have "that special something", the extra helping of soul that Eyrignac possesses because every day, since time immemorial, an attentive eye has surveyed it and a calm footstep has trod its paths.
Eyrignac is such an inviting destination, and one that I love to visit and revisit : whether sharing it with my mother, in 1998, or to inaugurate the latest creation, the White Garden, in 2002. On that occasion, to witness the event, Gilles Sermadiras, the latest descendant of the family, helped me cut the ribbon.
This garden saw him grow up and it watches over him. Some day soon he too will walk through his garden, with, in his heart and mind, the same willpower that has preserved this secret garden's soul and intimacy through 22 generations.
My most recent visit, last summer, was in the company of my husband, the President ; we will be delighted to return.
The gardens of the Manoir d'Eyrignac represent excellence in the art of gardening. They are unique and exceptional.

INTRODUCTION

Patrick Sermadiras de Pouzols de Lile

Eyrignac est le berceau de notre famille depuis 22 générations. Nous y habitons vraiment, et ce, sans discontinuer, depuis environ 500 ans. Le manoir actuel, reconstruit au XVIIe siècle après avoir été détruit durant la « Fronde des Princes », a toujours été environné de jardins, d'abord « à la française », reprenant les tracés de Le Nôtre à Vaux-le-Vicomte et Versailles, puis « à l'anglaise », au XIXe, dans un esprit là aussi conforme à celui du moment. Mais au début des années 1960, mon père, Gilles Sermadiras de Pouzols de Lile, totalement autodidacte en matière de jardins, se mit à imaginer et à dessiner ces jardins, alors qu'il n'en n'avait visité que très peu ! J'avais alors 17 ou 18 ans et dans son sillage, j'ai été bien évidemment très fortement impliqué dans la plantation et le développement de ces jardins.

Mon père était persuadé que les lignes, les perspectives et les rythmes, trois des éléments fondamentaux du jardin « à la française », convenaient mieux à Eyrignac que le romantisme du parc à l'anglaise du XIXe. La popularité de ses jardins aujourd'hui lui donne entièrement raison. Pourtant, il ne s'agit pas d'une copie ou d'une reconstitution des jardins du passé (dont il n'existe que très peu de traces), mais bien d'une interprétation toute personnelle où l'on retrouve à la fois toute sa rigueur et sa fantaisie. Néanmoins, ces jardins utilisent la plupart des astuces de composition et des « illusions d'optique » qui ont fait la

Eyrignac is the cradle of our family. Over a period of about 500 years, without a break, 22 generations have lived here, as we still do. The present manor house was rebuilt in the 17th century after its destruction during the *Fronde des Princes* (Princes' Revolt). It has always been surrounded by gardens, originally laid out in the French manner, after the style developed by Le Nôtre at Vaux-le-Vicomte and Versailles, then, during the 19th century, in the English style (again in line with the fashion of the day). But in the early 1960s, my father, Gilles Sermadiras de Pouzols de Lile, entirely self-taught in gardening matters, set to imagining and designing these gardens, even though he had hardly visited any others! At that time I was 17 or 18, and following in his footsteps, so I was, of course, deeply involved in the planting and development of these gardens.

My father was convinced that lines, vistas and repetition, three of the basic elements of gardens in the French style, were more appropriate to Eyrignac than the romanticism of the 19th century English-style park. The popularity of the gardens today proves him to have been completely right. However, it is in no sense a copy or a reconstruction of the former gardens (of which very few traces exist), rather it is a completely personal interpretation, in which discipline and fantasy can exist side by side. Nevertheless, these gardens use most of the clever design tricks and optical illusions for which gardens "in the French style"

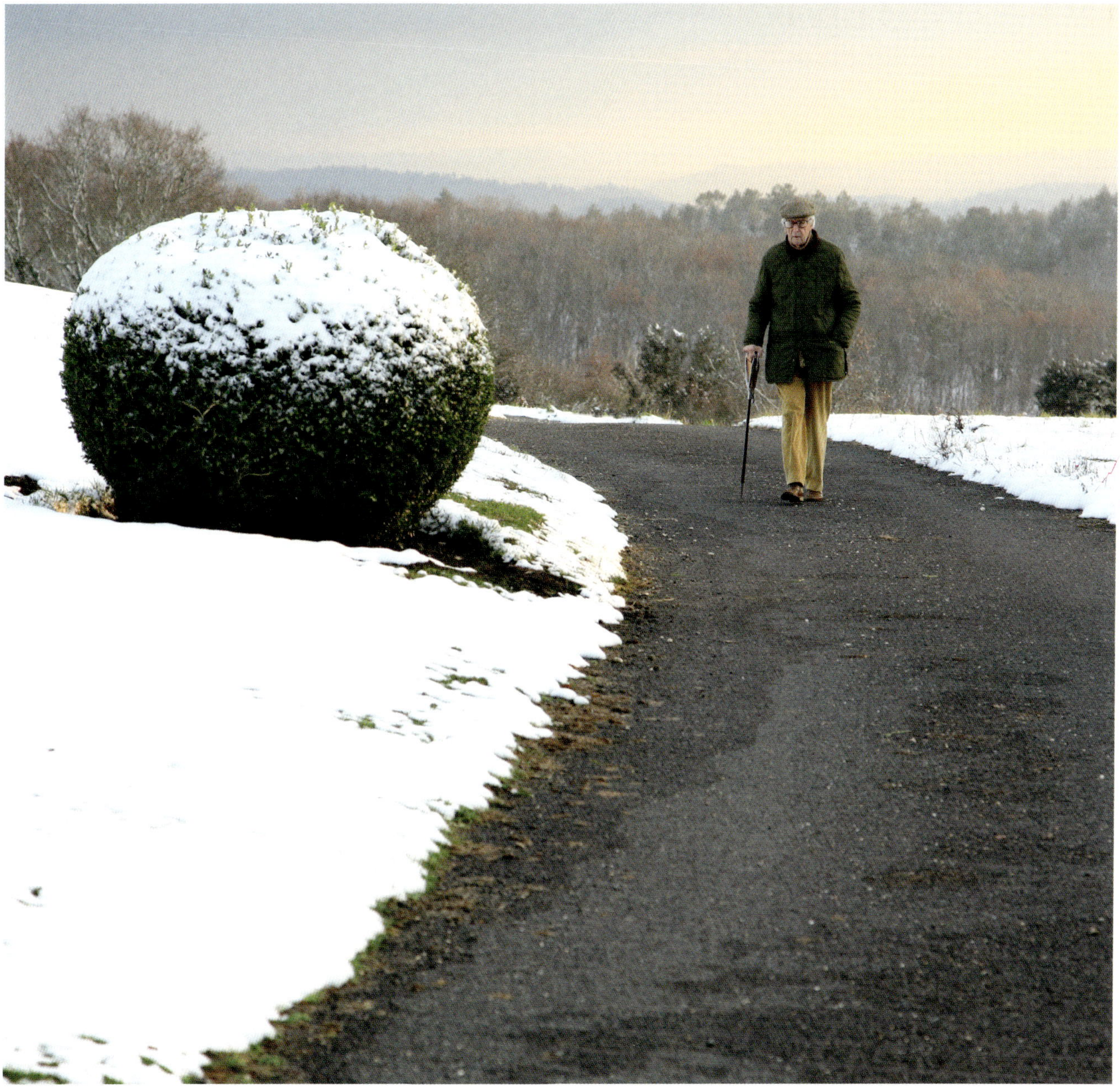

Gilles Sermadiras, mon père, a entièrement dessiné les jardins du manoir d'Eyrignac, une œuvre rapidement considérée comme l'une des plus emblématiques des jardins "à la française".

Gilles Sermadiras, my father, completely redesigned the gardens of the manor of Eyrignac. His creation rapidly came to be regarded as one of the most emblematic gardens of "the French style".

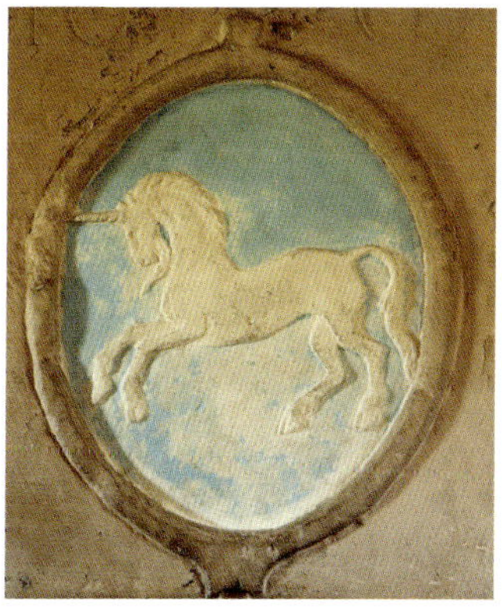

La licorne, emblême de la famille.

The unicorn, the family crest.

renommée des jardins « à la française », ainsi qu'une grande partie de leur attrait depuis le XVIIe siècle. Il se démarque toutefois très nettement des autres jardins à la française par l'utilisation du gazon dans les allées, en tapis épais et moelleux, qui confère aux jardins une atmosphère plus « cosy » que les traditionnelles allées gravillonnées.

La beauté de ces jardins du manoir d'Eyrignac provient également de leur maîtrise et de leur entretien suivi et méticuleux. La palette végétale volontairement réduite à moins d'une dizaine d'essences « simples », comme le buis, le charme, l'if, le cyprès de Provence, les pommiers, etc., renforce le dessin, tout en conférant au jardin une sublime harmonie et de subtils dégradés de verts, en toute saison. Une équipe de six jardiniers, auxquels je tiens à rendre hommage, entretient près de 4 hectares de pelouse, d'une qualité équivalente à celle d'un golf, et l'équivalent de 15 kilomètres linéaires de haies. C'est un travail incessant et uniquement manuel, rendu moins pénible par la reconnaissance et l'admiration du public de plus en plus nombreux, qui admire la perfection des tailles et la beauté des gazons soignés comme les plus beaux des tapis. N'hésitez pas à nous demander nos secrets, nous n'avons de cesse que de les partager.

Ce jardin est un lieu aimé. Par son propriétaire bien sûr, sa femme Capucine et son fils Gilles, comme par ceux qui

were so famous, and that have been a large part of their attraction since the 17th century. This garden is, however, very clearly distinguished from others in the French style because of its turfed avenues : deep, soft carpets of grass that lend the garden a more cosy atmosphere than the traditional gravelled pathways.

The beauty of the gardens of the Manoir d'Eyrignac derives equally from their discipline and their regular, meticulous maintenance. The deliberately restricted palette of plants, reduced to fewer than ten basic species, such as box, hornbeam, yew, Mediterranean cypress, apple trees etc., reinforces the design, at the same time giving the garden a sublime harmony with subtle gradations of green in every season. A team of six gardeners, to whom I am keen to pay tribute, maintain close to 4 hectares (10 acres) of impeccable lawns and the equivalent of 15 km (9.3 miles) of hedges. The work, all carried out by hand, is endless, but it is made less tiresome by the gratitude and admiration of the ever-increasing stream of visitors, who admire the perfection of the clipped shrubs and the beauty of lawns that are cared for like priceless carpets. Don't hesitate to ask us for our gardening secrets, we will not be happy until we have shared them with you.

This garden is a much-loved place. As its owner, I love it, of course, as do my wife Capucine and our son Gilles ; so do those who maintain it and bring it to life, but it

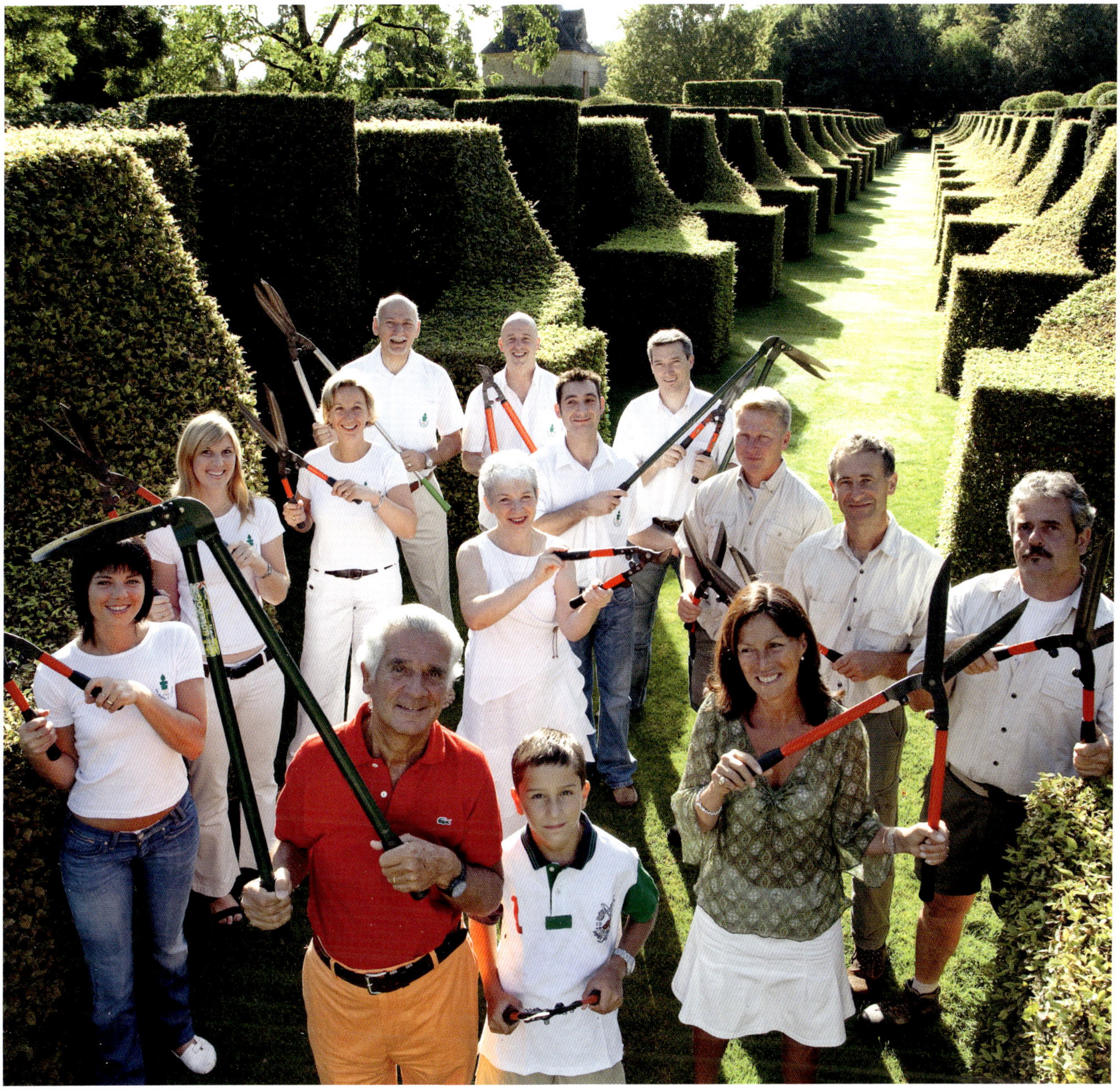

Patrick Sermadiras, sa femme Capucine, son fils Gilles, entourés de toute l'équipe des jardins du manoir d'Eyrignac.

Patrick Sermadiras, his wife Capucine and his son Gilles, surrounded by the garden team of the Manor of Eyrignac.

l'entretiennent et lui donnent vie, mais aussi, et surtout, par vous qui l'avez ou qui allez le visiter. Je reste en effet sans voix lorsqu'un visiteur me confie ses impressions, ses instants de bonheur passés entre les haies, sur l'épais gazon ou parmi les rosiers immaculés. J'aime par-dessus tout partager les pique-niques en blanc chaque lundi soir d'été sur les pelouses de la roseraie, dans une atmosphère et une convivialité vraiment magiques et incroyables ; ou encore cette messe qui chaque année rassemble de nombreux fidèles aux portes de la petite chapelle romane où nous avons tous, dans cette famille, été baptisés. C'est l'occasion de rendre hommage à la Vierge, qui lors des dernières grandes tempêtes « du siècle » a, une fois encore, protégé le jardin, alors que les bois alentour étaient dévastés.

J'ai coutume de dire qu'un jardin change d'heure en heure, que l'on y découvre toujours quelque chose de nouveau. Je ne me lasse pas d'arpenter les allées et je pense en connaître chaque recoin. Regardez-le avec des yeux attentifs, si possible à plusieurs moments de la journée, visitez-le avec l'affection que nécessite un endroit aussi bien choyé, et gardez en mémoire les émotions ressenties dans ce lieu et qui renvoient la plupart d'entre nous à ses racines.

Mon père a confié un jour à la fin d'un reportage télévisé : « Je ne me doutais pas que ce serait aussi bien réussi ! ». Voyez combien il avait raison...

is also (and above all) loved by you who have visited it - or who will do so. I am, in a sense, left voiceless until a visitor shares with me their impressions of the garden, tells me of their happy moments spent among the hedges, walking the luxuriant turf, or amid the immaculate roses. Above all, I love to share the "picnics in white" that we hold every Monday evening in summer on the lawns of the rose garden, with their truly magical, unbelievable atmosphere of conviviality ; or the annual Mass that brings numerous worshippers to the doors of the little romanesque chapel where all of our family have been baptised. This is the occasion on which we give thanks to the Virgin, who protected the garden during the last great storms of the century, when the nearby woods were laid waste.

I often say that a garden changes hour by hour, and that you will always find something new therein. I am forever pacing this garden's paths and I think that I know every corner of them. Please look at the garden carefully, at several times of day if possible, visit it with the affection that such a cherished place deserves, and remember the emotions that you have experienced here, the same emotions that draw almost all of us back to our roots.

Once, at the end of a televised interview, my father confided : 'I never imagined that it would turn out quite so well !' Now see just how right he was...

LES JARDINS DU MANOIR D'EYRIGNAC

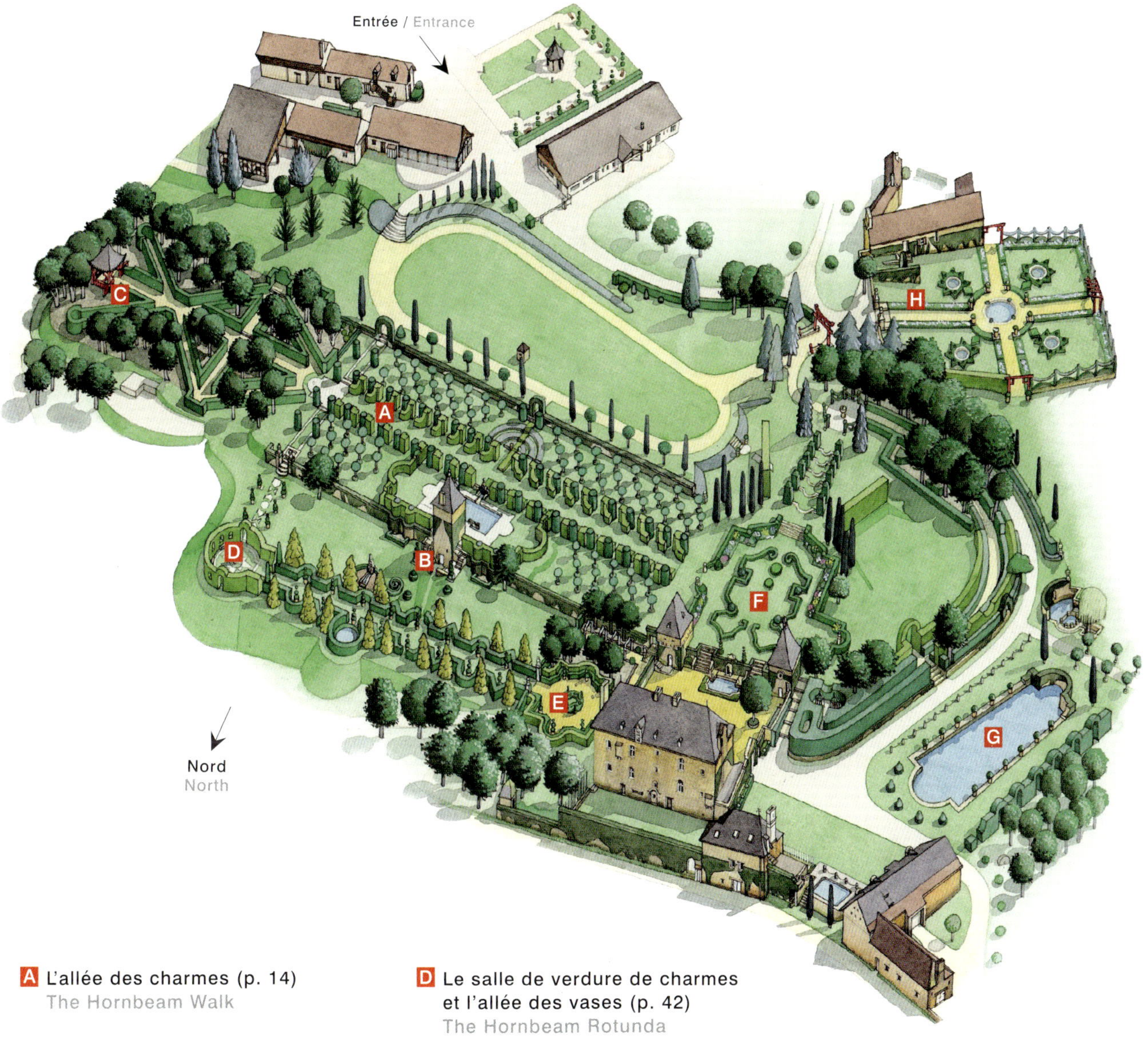

A L’allée des charmes (p. 14)
The Hornbeam Walk

B Le pavillon de repos (p. 30)
The Pavilion of Tranquillity

C Le pavillon chinois (p. 36)
The Chinese Pavilion

D Le salle de verdure de charmes et l’allée des vases (p. 42)
The Hornbeam Rotunda and the Avenue of Vases

E Le rond-point de repos (p. 50)
The Circle of Tranquillity

F Le jardin français (p. 56)
The French Garden

G Le vivier (p. 70)
The fishpond

H La jardin blanc (p. 78)
The White Garden

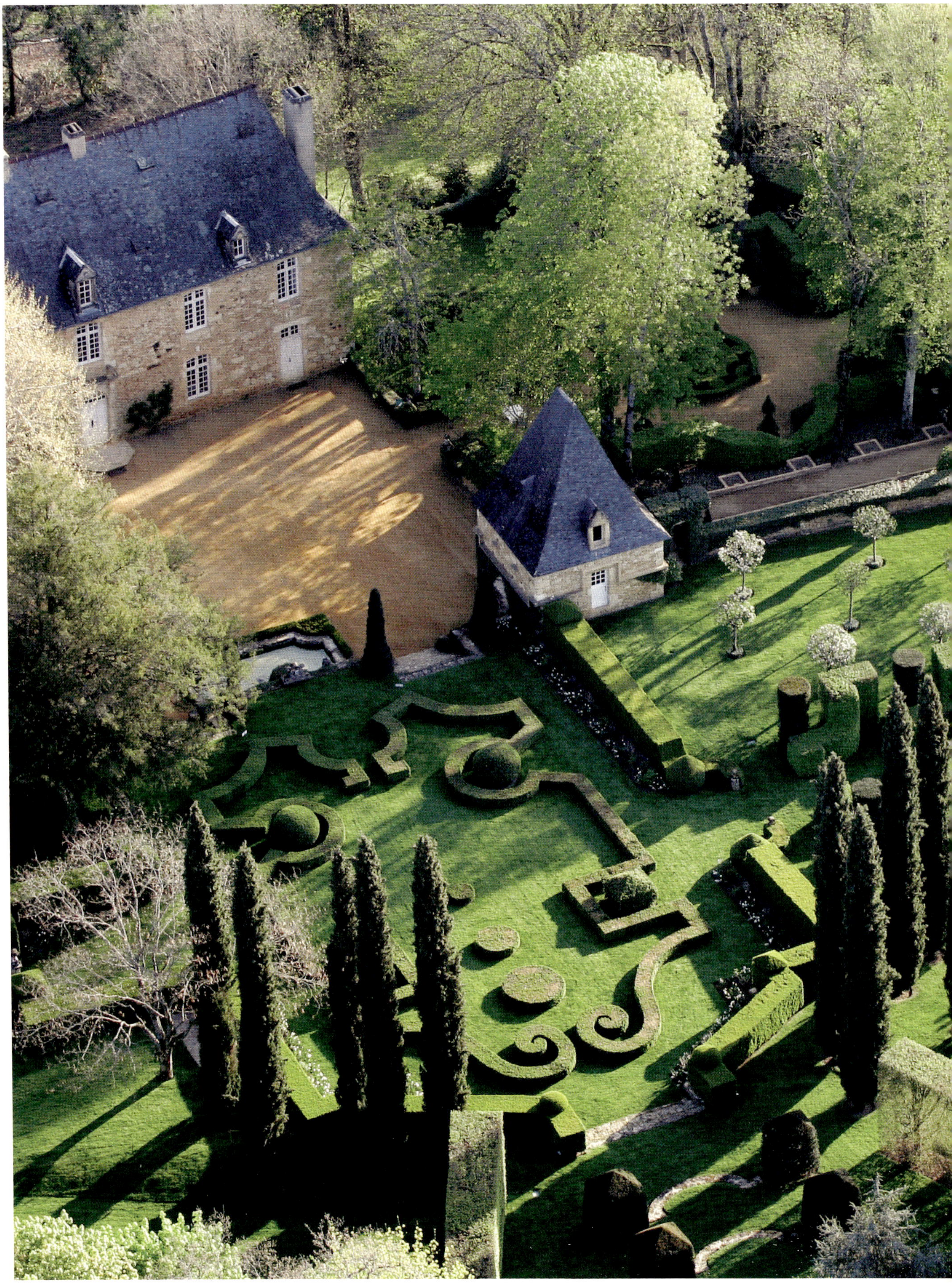

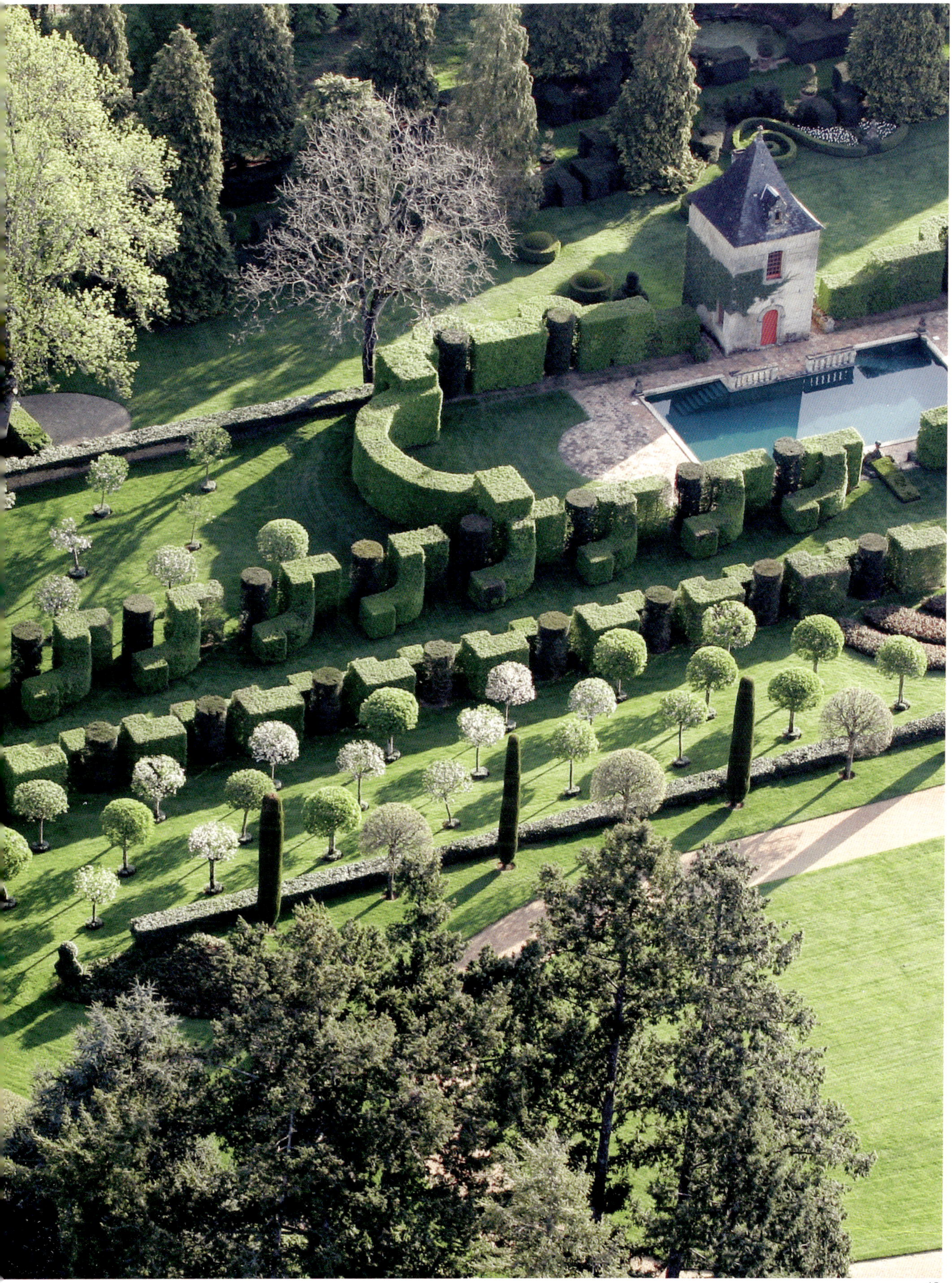

→ L'ALLÉE DES CHARMES

Créée en 1966, cette allée longue de 100 mètres est « la colonne vertébrale » du jardin et le traverse d'est en ouest, selon une ligne parallèle au manoir. Elle est constituée d'un double alignement de 20 paires de charmes plantés en contreforts enroulés chacun autour d'un cylindre d'if. Cette structure unique s'inverse à mi-parcours, au croisement d'une autre perspective perpendiculaire, axée sur le pavillon de repos.

THE HORNBEAM WALK

Created in 1966, this 100-metre avenue is the 'spinal column' of the garden, crossing it from east to west and running parallel to the house. It is made up of a double line of 20 pairs of hornbeams, planted as buttresses, each partly encircling a cylinder of yew. This unique layout is reversed halfway along the avenue, at the point where another vista crosses it at right angles, aligned on the Pavilion of Tranquillity.

Entre les deux vergers de pommiers taillés en boule, l'allée des charmes dessine une perspective majeure du jardin.

Between the two orchards of apple trees trained into globes, the Hornbeam Walk forms a main axis of the garden.

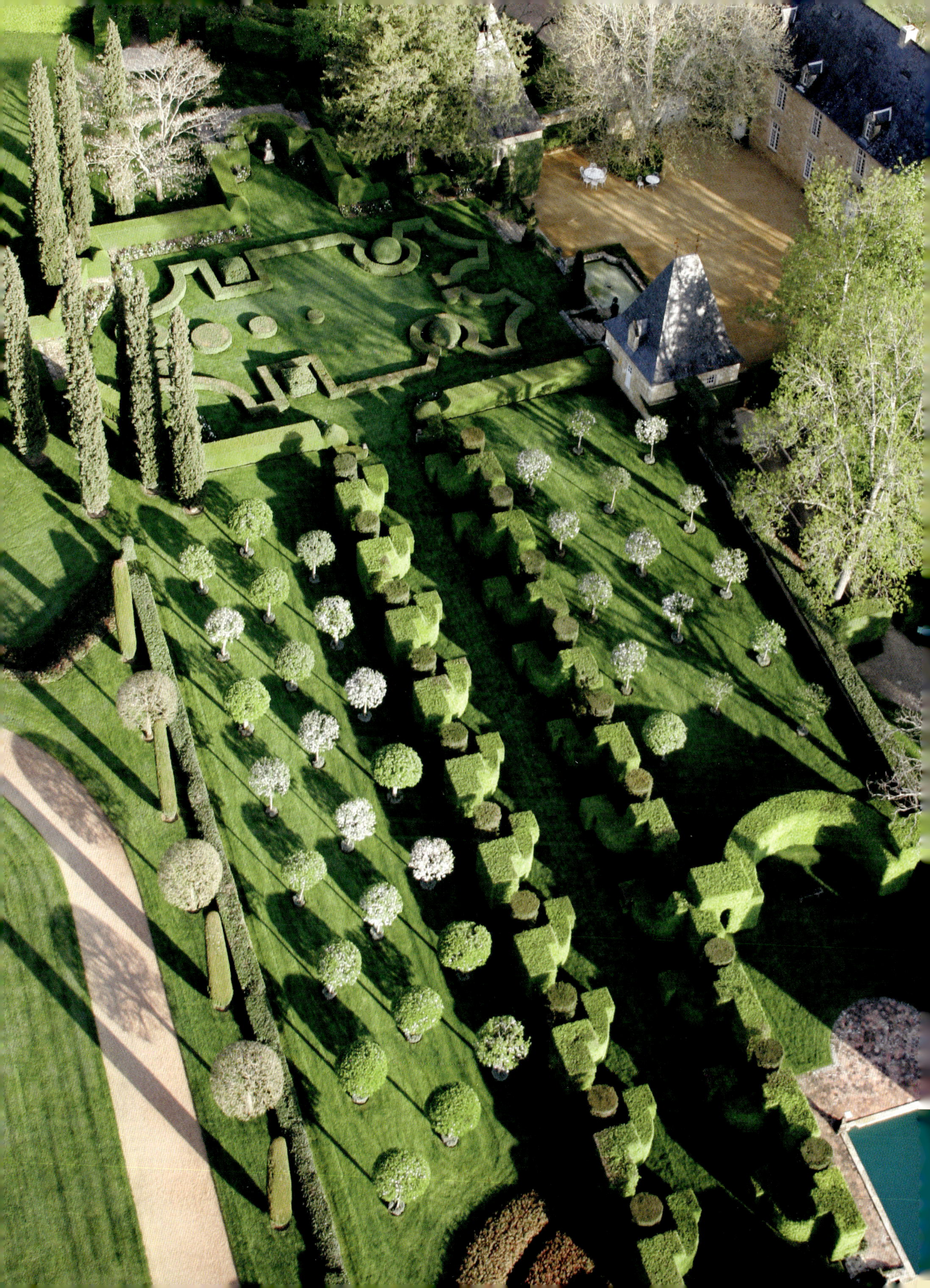

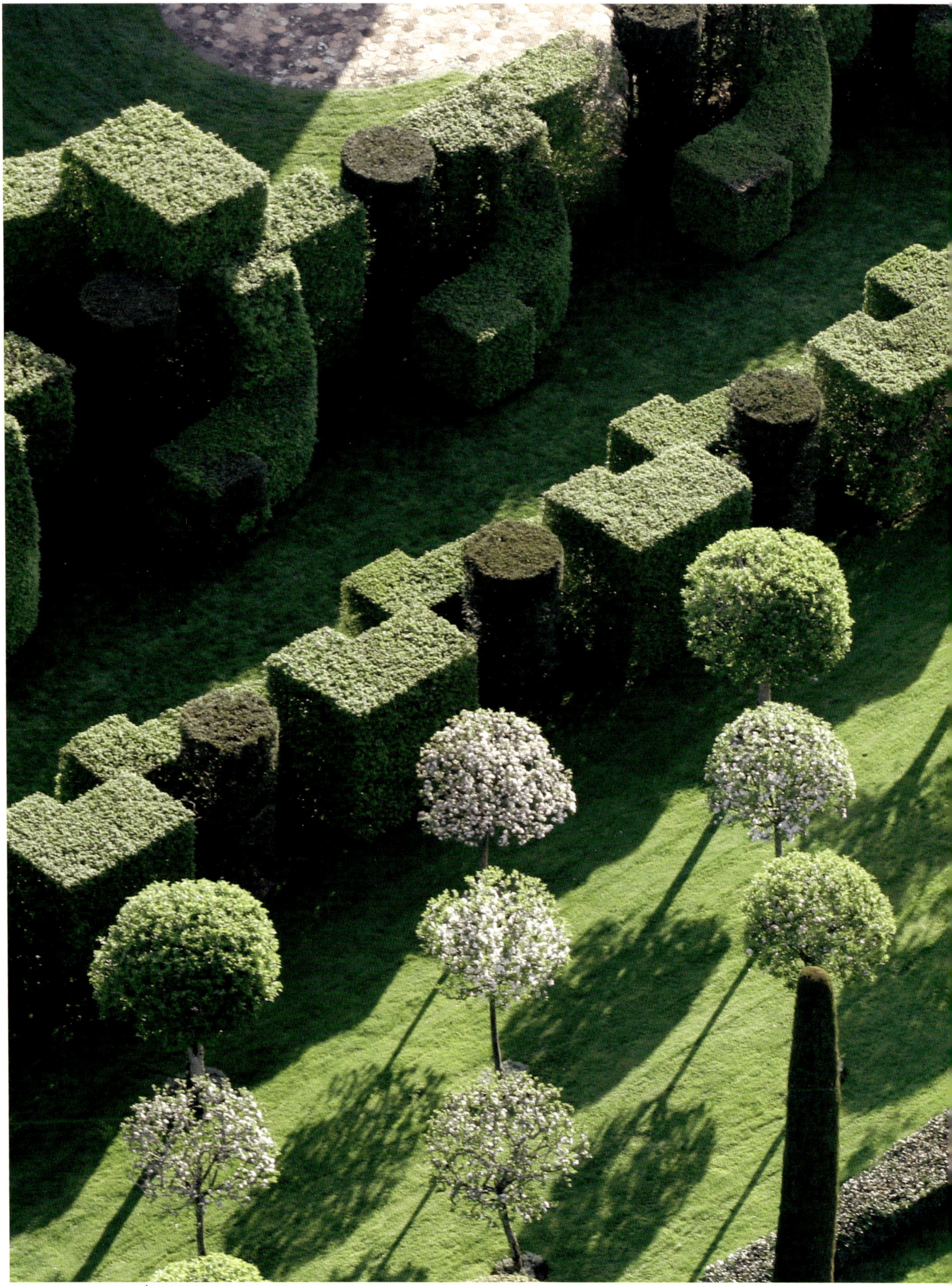

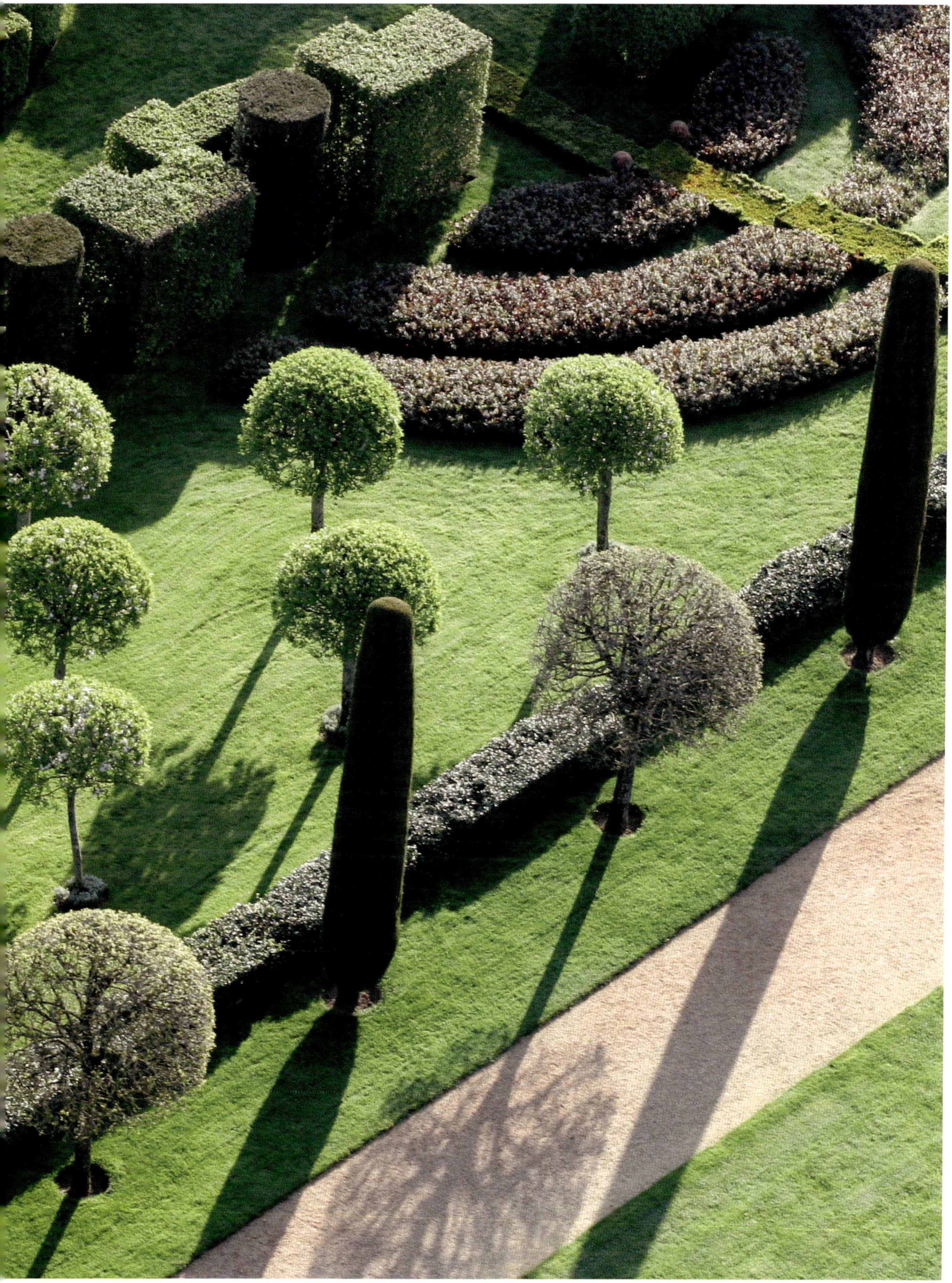

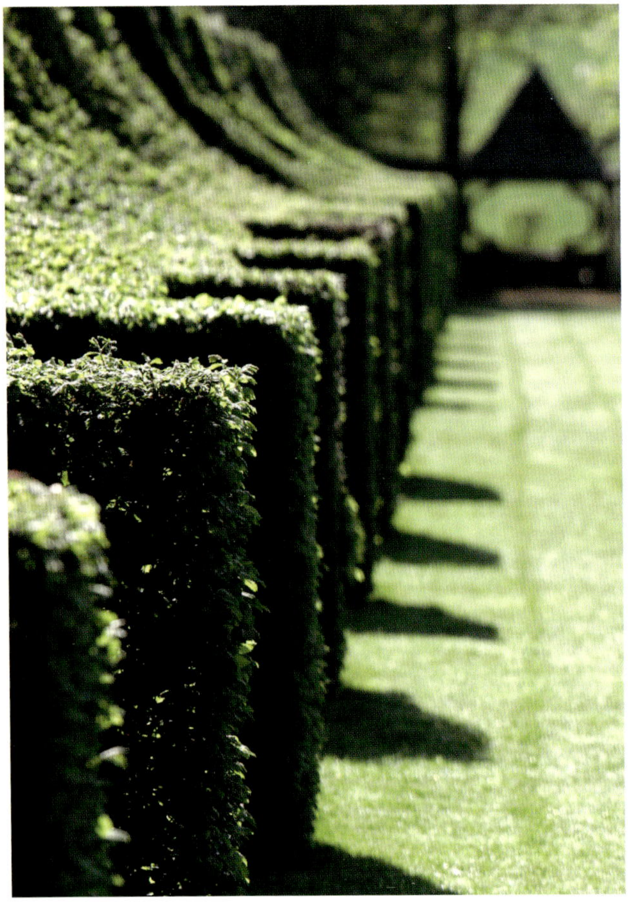

L'alignement des charmes doit rester le plus parfait possible afin de délimiter une perspective très nette. Pour parvenir à ce résultat, cinq tailles sont nécessaires chaque année.

The alignment of the hornbeams must stay as perfect as possible in order to define a very crisp view. To achieve this they must be pruned five times a year.

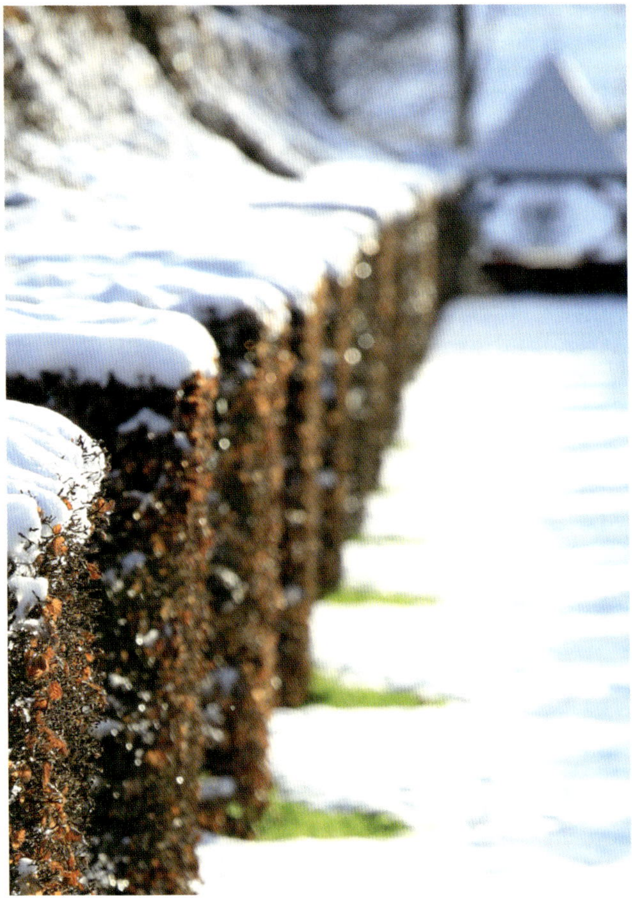

L'hiver, les charmes taillés gardent une partie de leur feuillage séché. Ce phénomène, appelé « marcescence » se trouve accentué par la taille régulière des topiaires.

In winter, the clipped hornbeams retain some of their dead leaves. This natural characteristic, called "marcescence", is encouraged by the regular pruning of the topiary.

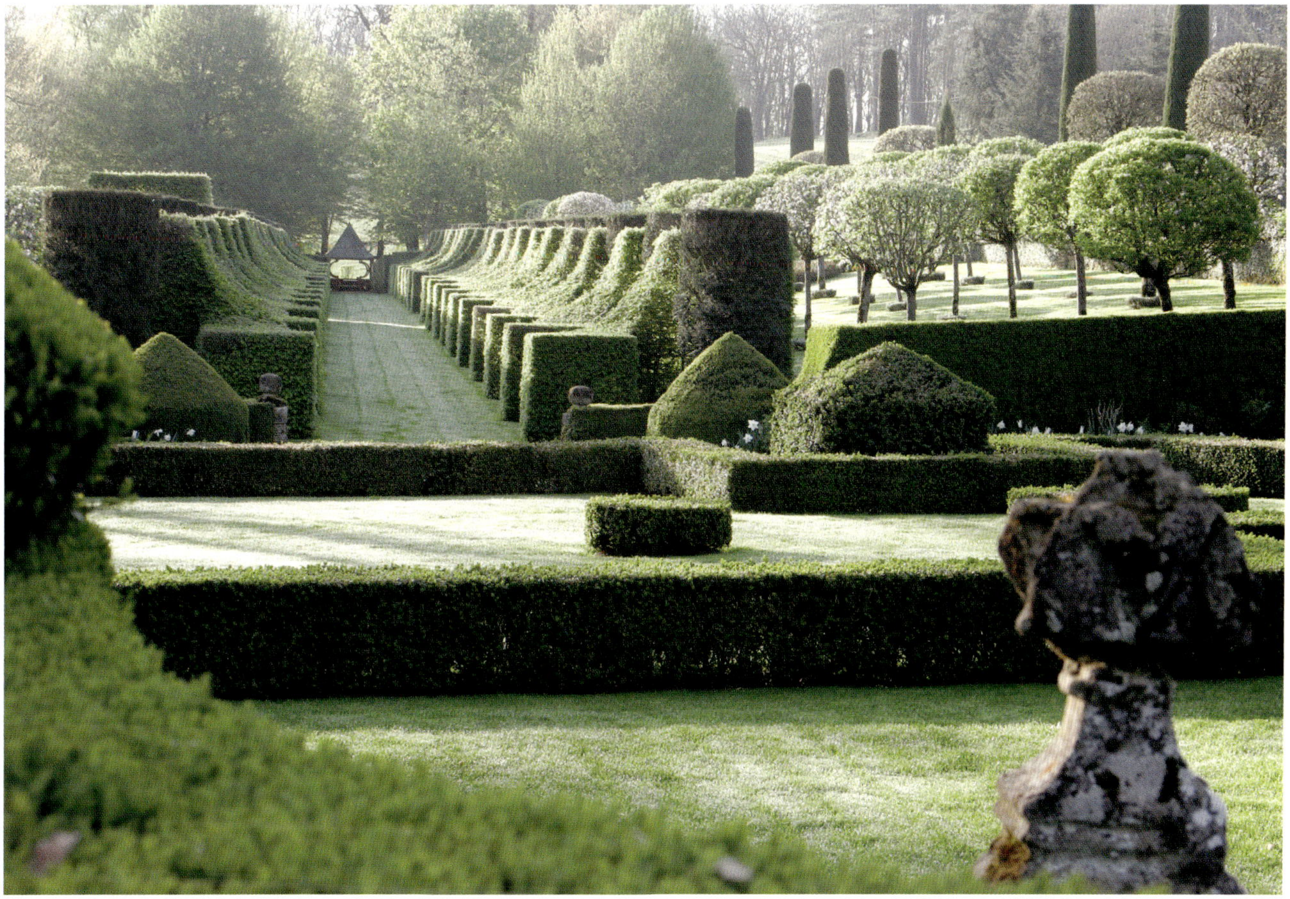

L'allée des charmes débute sur le côté du jardin français, pour se terminer à l'est, à la limite du jardin, sur le pavillon chinois rouge, une de ces fabriques très prisées dans les jardins du XVIIe et XVIIIe siècle.

Starting beside the French garden, the Hornbeam Walk ends at the eastern boundary of the garden, at one of those follies that were such highly prized features of 17th- and 18th-century gardens, the red Chinese Pavilion.

DOUBLE-PAGE PRÉCÉDENTE

Au printemps, les couleurs subtiles des jeunes feuillages font virer les formes taillées. Malgré leur mise en forme, les pommiers offrent quelques fleurs, à des moments différents selon les variétés. En automne, leurs fruits sont offerts aux visiteurs.

PREVIOUS DOUBLE-PAGE SPREAD

In spring, the subtle colours of the young leaves transform the clipped shapes. In spite of hard pruning, the apple trees produce a few flowers, their timing depending on the variety. In autumn their fruits are offered to visitors.

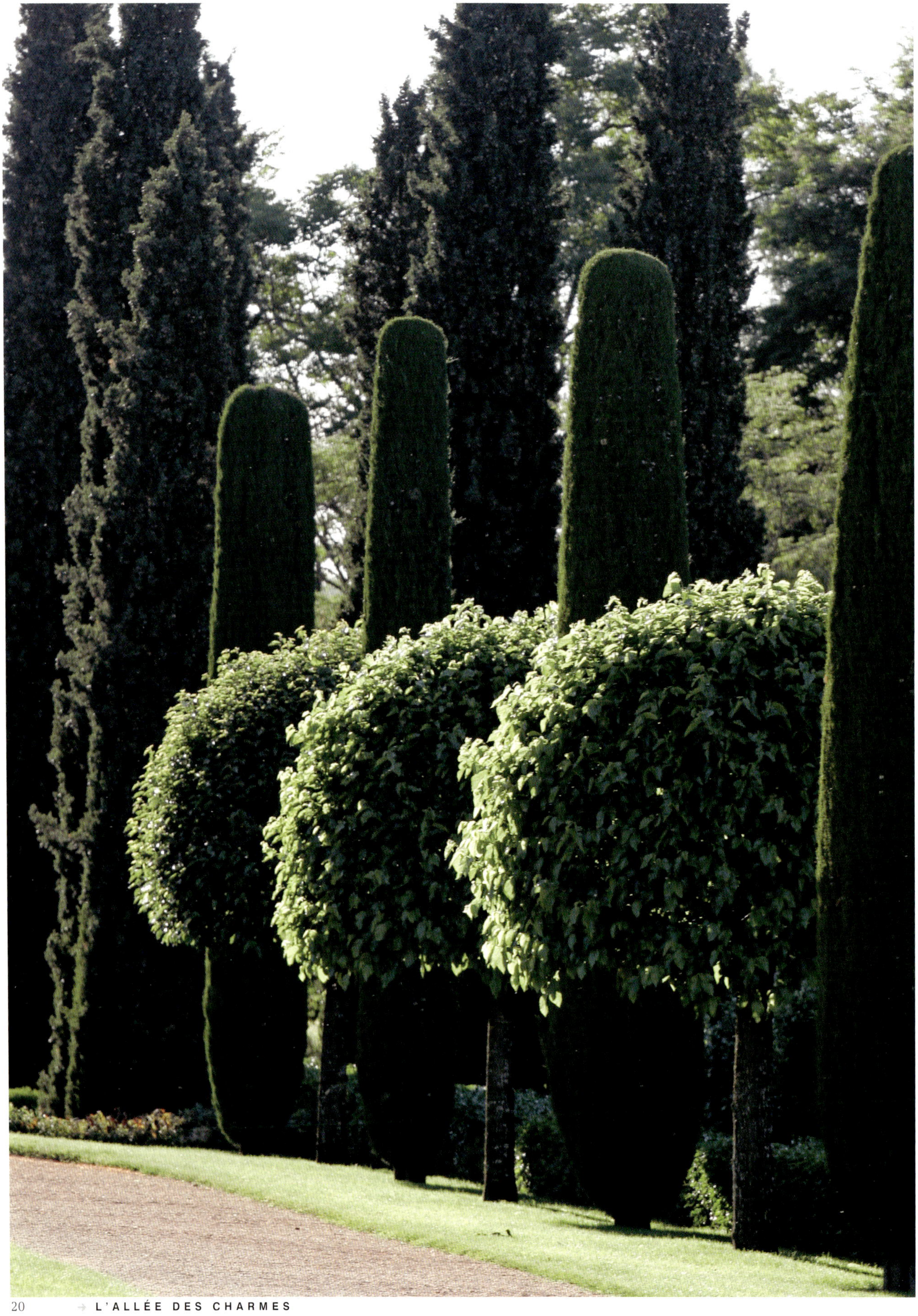

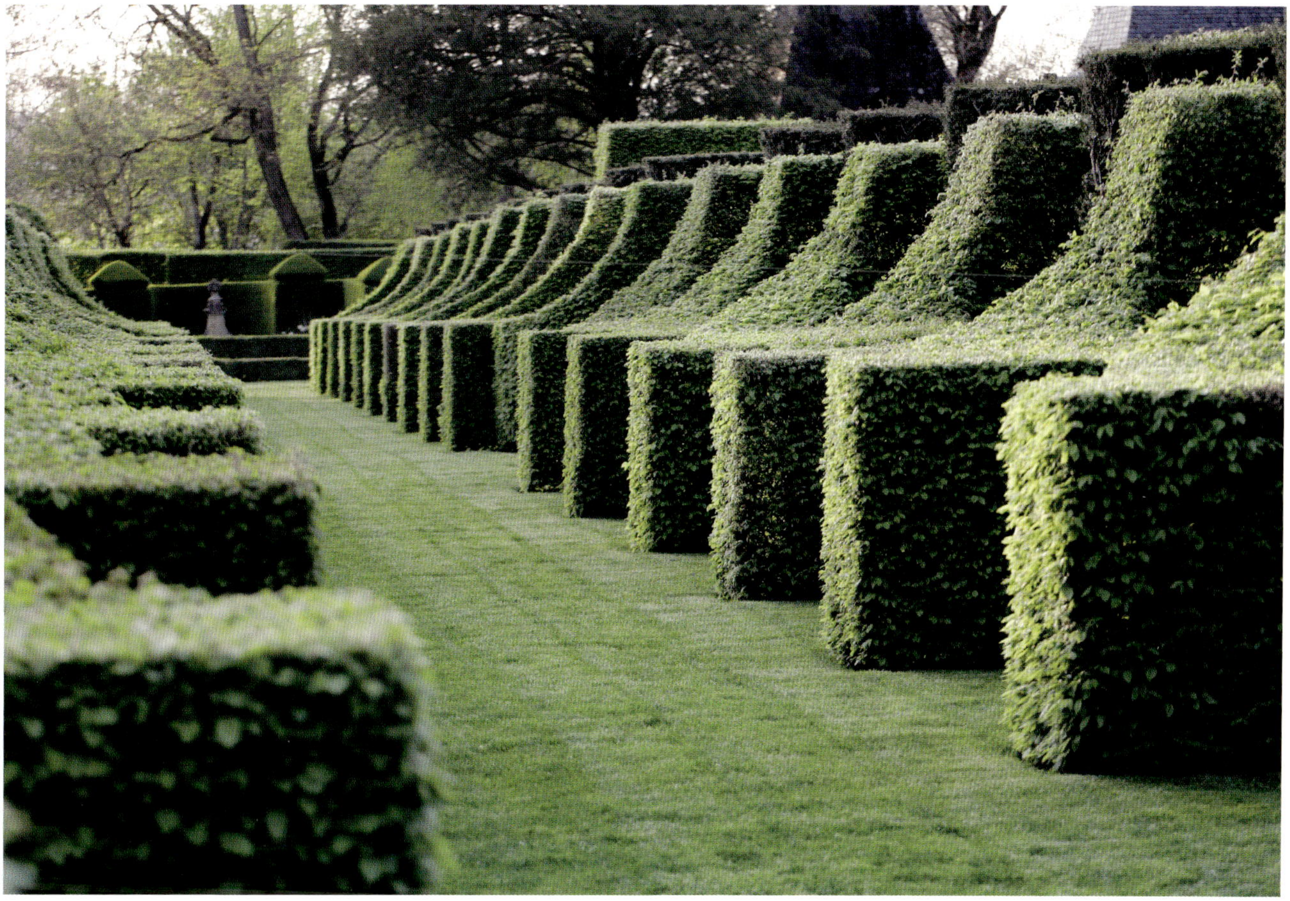

Chaque contrefort est constitué de 12 plants de charmes. Ils sont taillés environ une fois par mois entre mai et septembre pour rester impeccables. L'allée est axée sur une statue située sur le côté du jardin français, au-delà de la broderie de buis.

Each buttress is made from 12 hornbeam plants. They are clipped about once a month between May and September to keep them in perfect shape. The avenue is aligned on a statue at the side of the French garden, beyond the box hedges.

CI-CONTRE

Rythme et alternance entre des pommiers taillés et des cyprès de Provence (*Cupressus sempervirens* 'Stricta'). Le contraste entre les sujets taillés (pour éliminer les fruits qui alourdissent les branches) et ceux restés libres à l'arrière-plan ajoute un jeu de textures et de couleurs à celui des formes.

OPPOSITE

A row of trained apple trees and pencil cypresses (*Cupressus sempervirens* Stricta Group) creates an alternating rhythm. The contrast between the pruned cypresses (to stop cones from weighing down their branches) and the unpruned ones beyond them adds a play of texture and colour to that of shape.

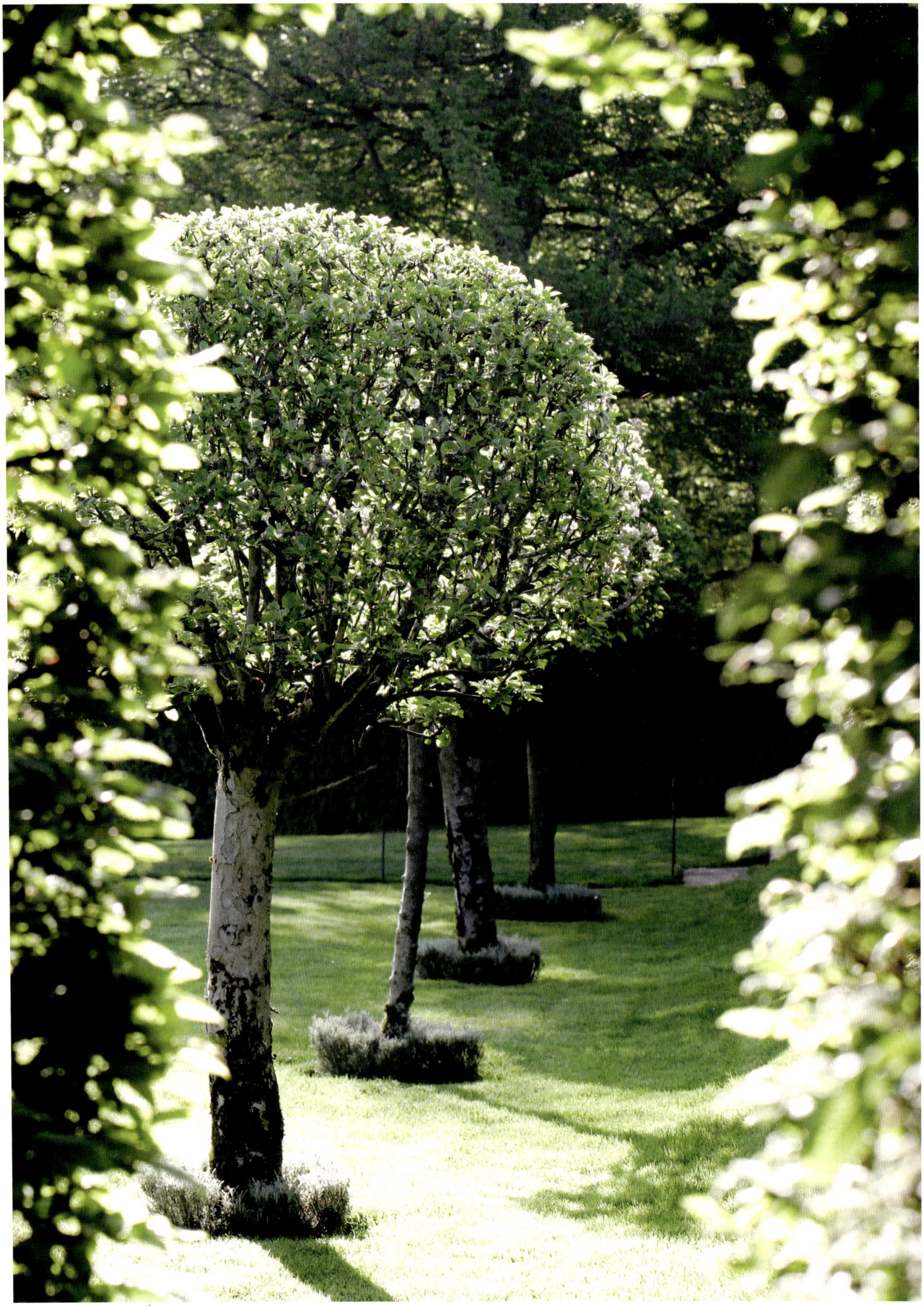

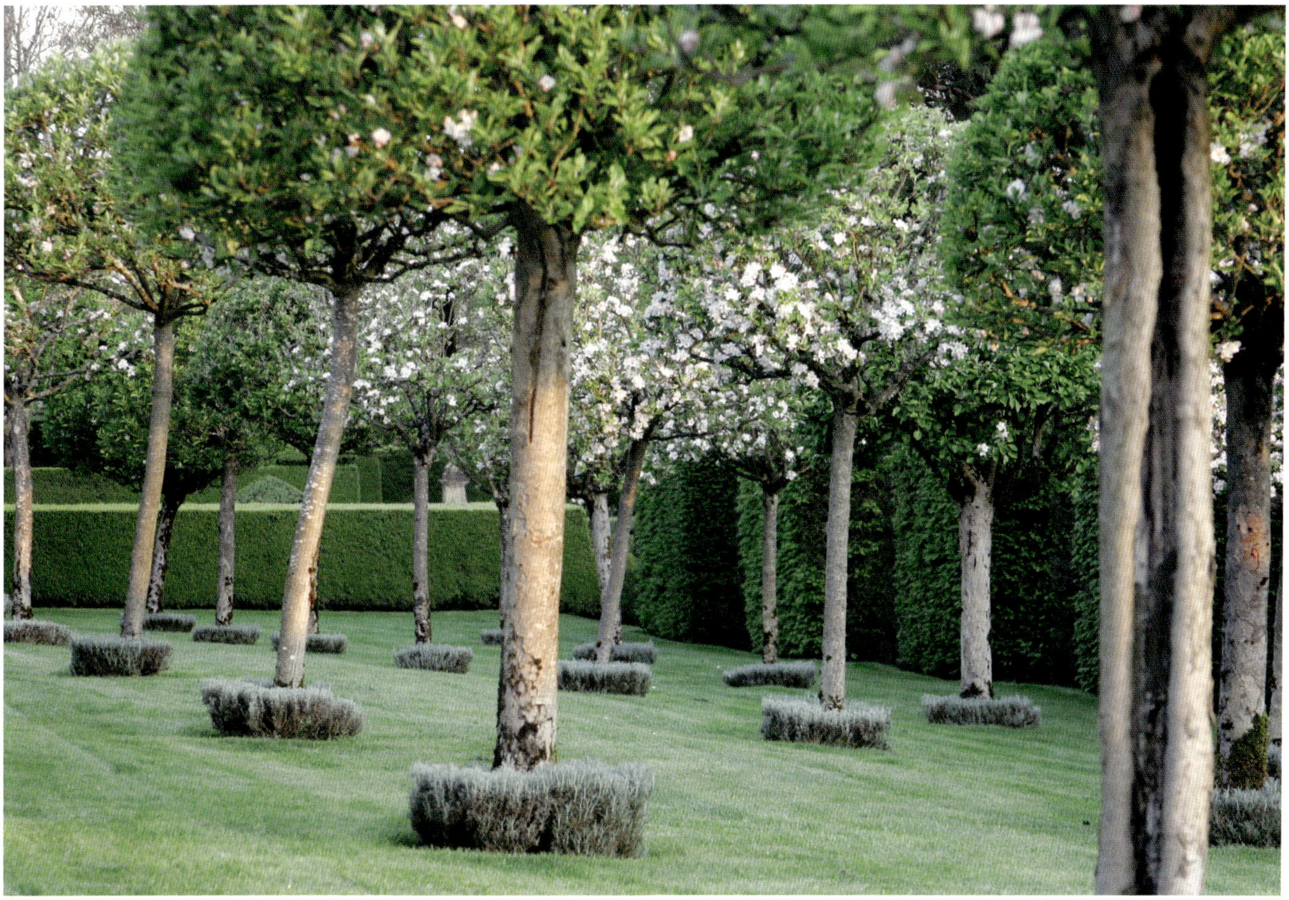

Le verger est composé de trois rangées de pommiers à la cime taillée en boule. La base de chaque tronc est habillée de santolines, elles aussi taillées pour un rôle à la fois esthétique et pratique puisqu'elles maintiennent la tondeuse à l'écart des arbres.

The orchard is made up of three rows of apple trees, with each one's crown trained into a globe. The base of each trunk is ringed with santolina; it, too, is clipped, for reasons both practical and aesthetic: it keeps the lawn mower away from the trees.

CI-CONTRE

Les pommiers réagissent très bien à la taille et nécessitent seulement deux à trois interventions durant l'été pour rester en forme.

OPPOSITE

Apple trees respond well to pruning and only two or three sessions are needed during the summer to keep them in shape.

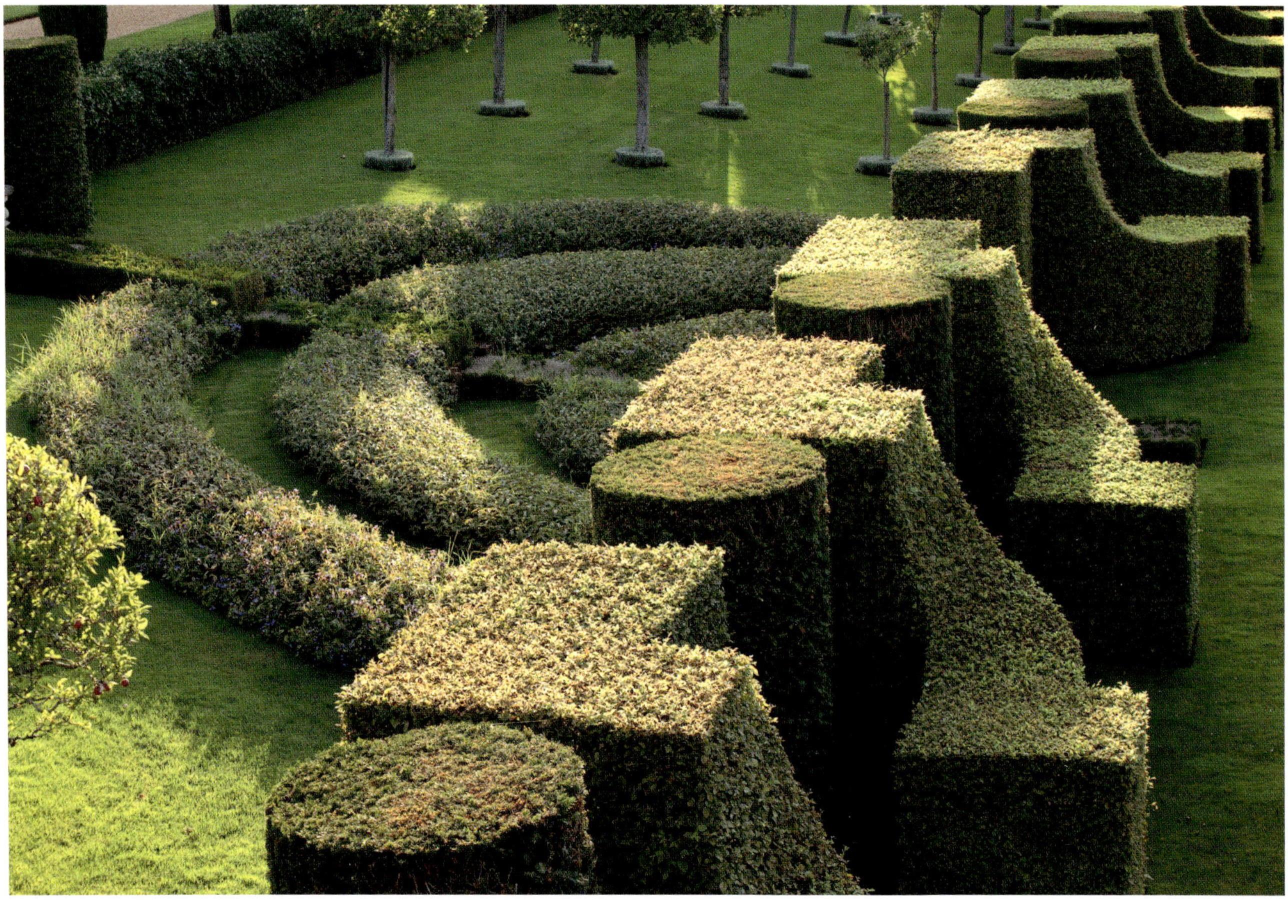

Le croisement des deux perspectives est annoncé par trois demi-cercles tapissés de millepertuis (*Hypericum calycinum)*, aujourd'hui remplacé par du buis.

The crossing-point of the two vistas was marked by three semi-circles planted with rose of Sharon (*Hypericum calycinum*), which has since been replaced with box.

CI-CONTRE

La perspective axée sur le pavillon de repos est guidée par un chemin de buis, en gradins, qui n'est interrompue que par le gazon de l'allée des charmes.

OPPOSITE

The vista aligned on the Pavilion of Tranquillity is marked out by a stepped, path-like strip of box, broken only by the turf of the Hornbeam Walk.

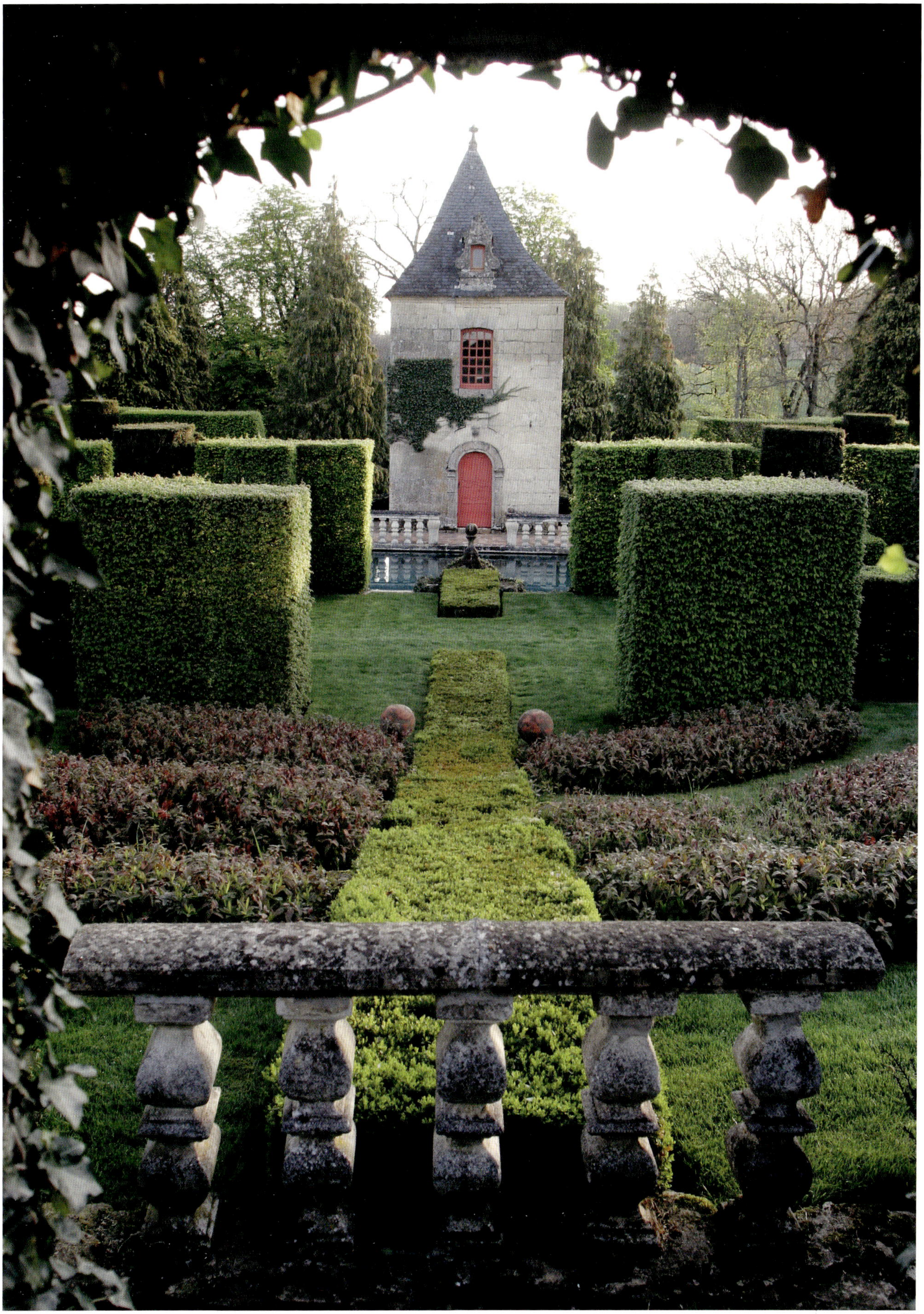

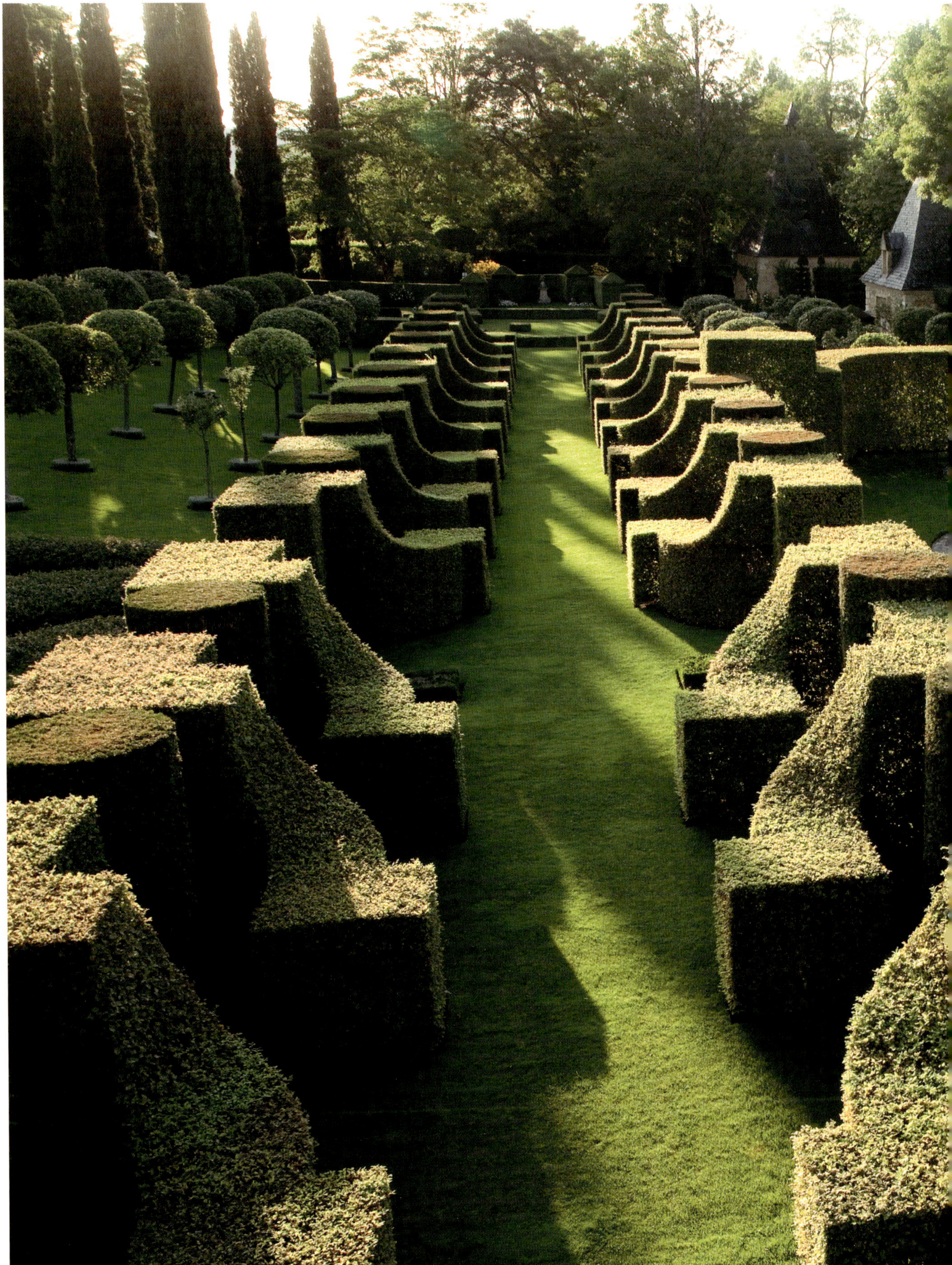

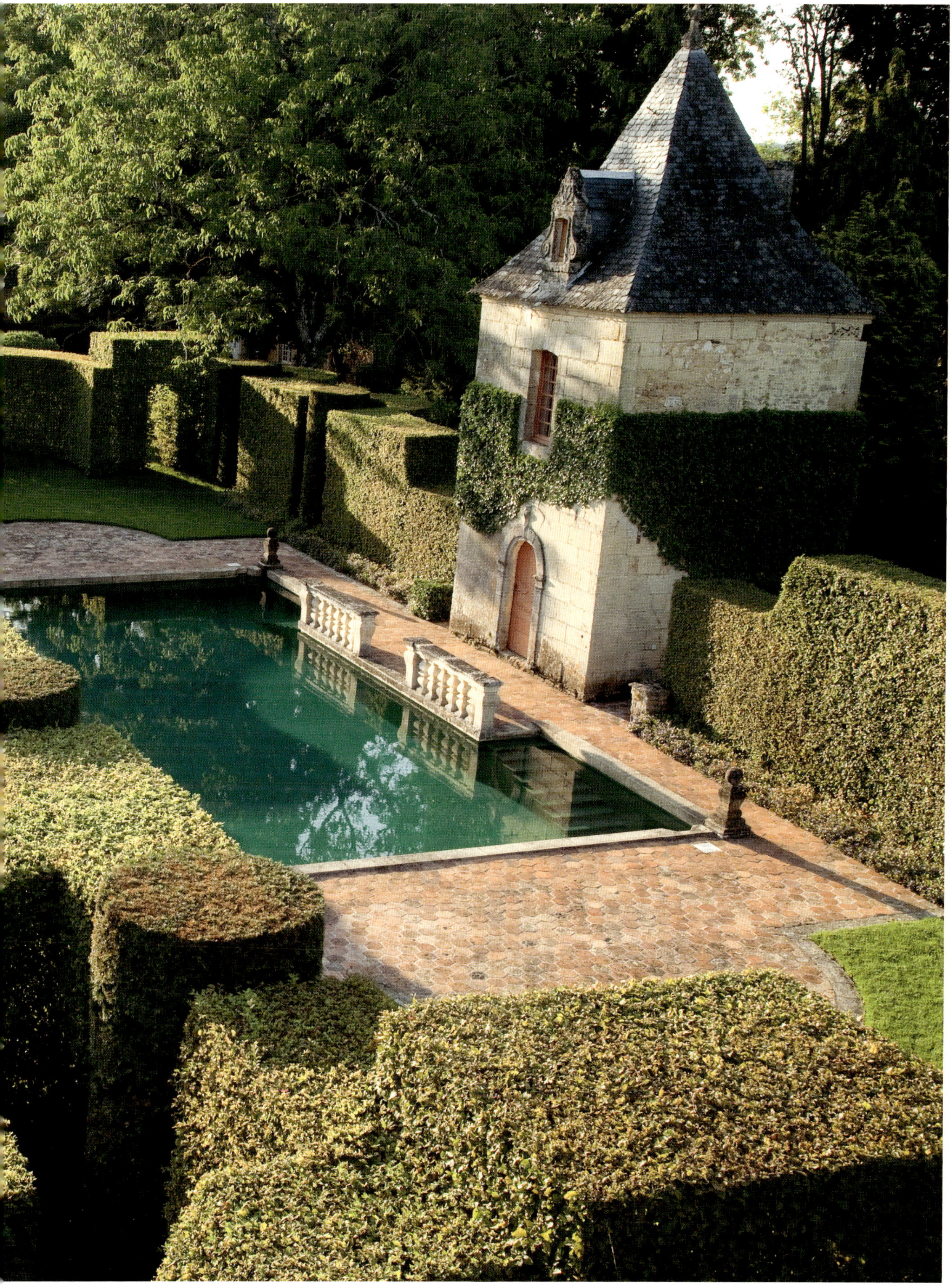

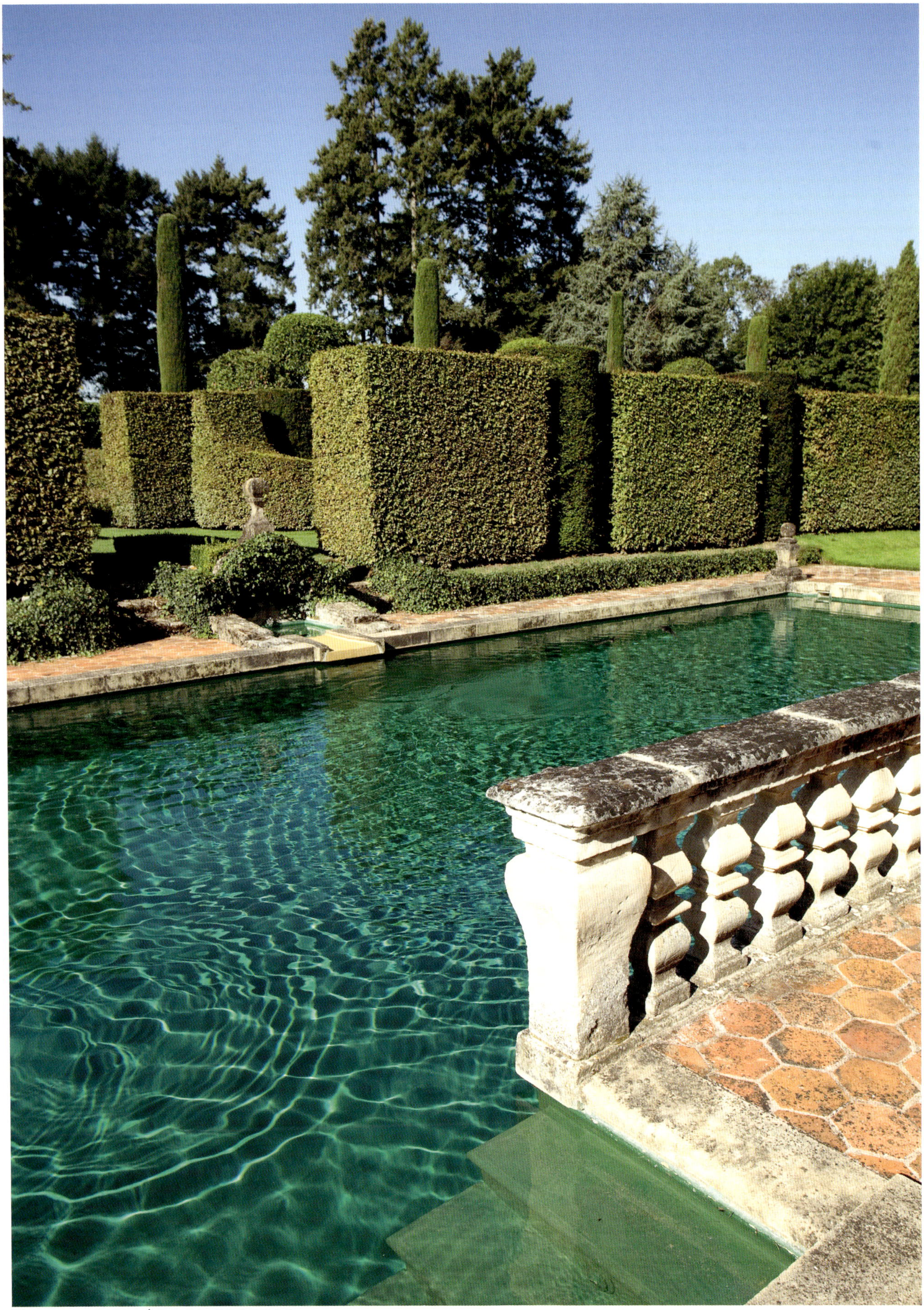

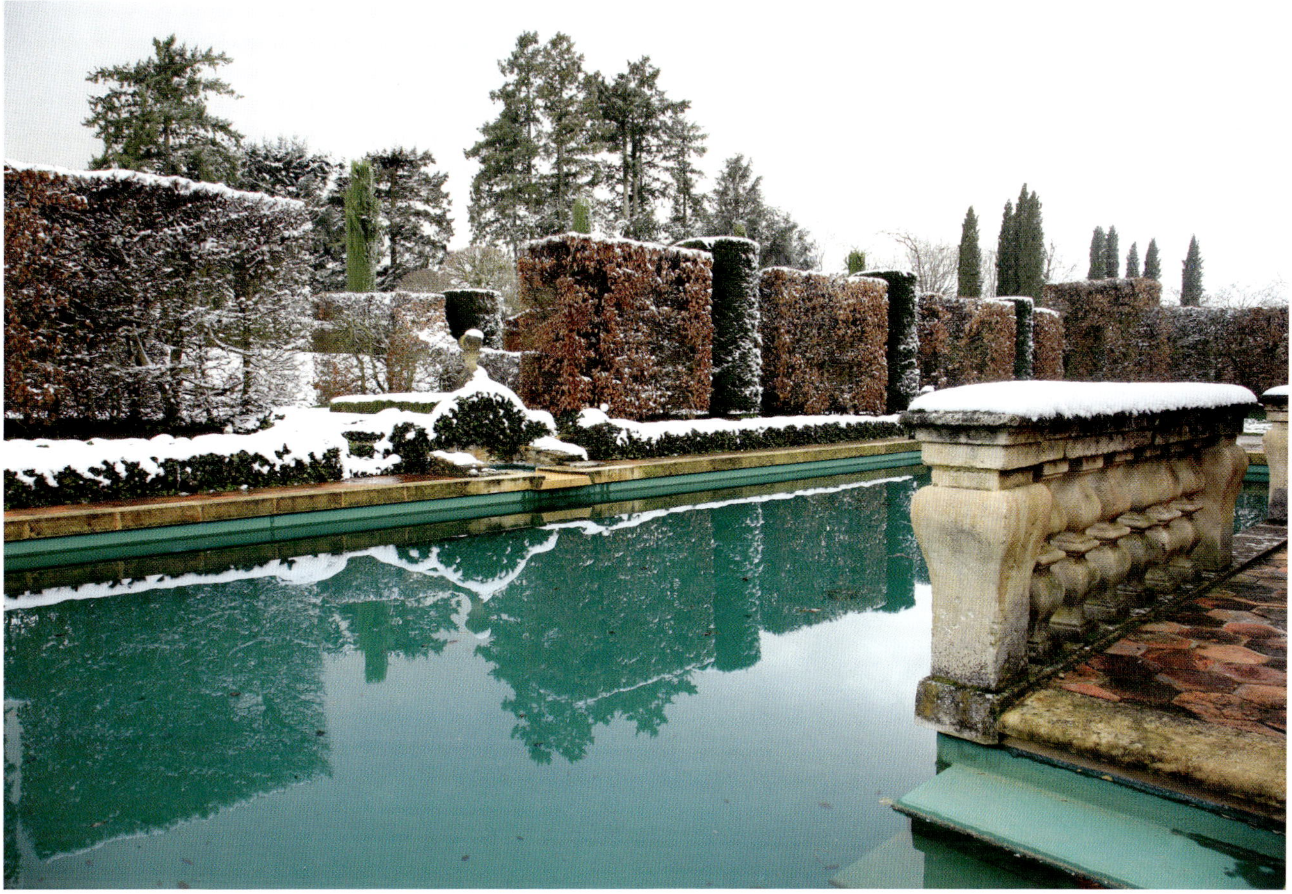

Depuis le pavillon de repos, la vue nous montre l'arrière de l'allée des charmes et l'alternance des haies feuillues et caduques avec les cylindres d'ifs persistants. Le contraste est saisissant en hiver.

The view from the Pavilion of Tranquillity reveals the back of the Hornbeam Walk and the way in which the broad-leaved, deciduous hedges alternate with the cylinders of evergreen yew. The contrast is striking in winter.

CI-CONTRE

Pour garder les volumes bien nets et éviter que les ifs ne se mêlent aux charmes, il est nécessaire de les tailler très sévèrement (contre le tronc), une fois tous les dix ans.

OPPOSITE

To stop the yews from growing into the hornbeams, and to keep their shapes well defined, it is necessary to prune them very severely (back to the trunk) once every ten years.

→ DERRIÈRE LE PAVILLON DE REPOS

Entre l'allée des charmes et l'allée des vases s'étend un espace peu planté, juste à l'arrière du pavillon de repos qui sert à la circulation du public. Le vide relatif de cette partie forme un contrepoint indispensable à la richesse et à l'opulence de détails présents dans les deux allées parallèles. Il induit une grande impression de calme.

BEHIND THE PAVILION OF TRANQUILLITY

Between the Hornbeam Walk and the Avenue of Vases stretches a sparsely-planted area, just behind the Pavilion of Tranquillity, that allows visitors to wander freely. The relative emptiness of this part of the garden provides an important counterpoint to the richness and opulent detail of the two parallel avenues. It imparts a great feeling of calm.

Les rondeurs d'une spirale de buis rompent avec la rectitude des haies d'if qui l'encadrent. Les grands conifères dorés de l'arrière-plan appartiennent à l'allée des vases.

The roundness of a box spiral offsets the linearity of the yew hedges that frame it. The large golden conifers in the background are part of the Avenue of Vases.

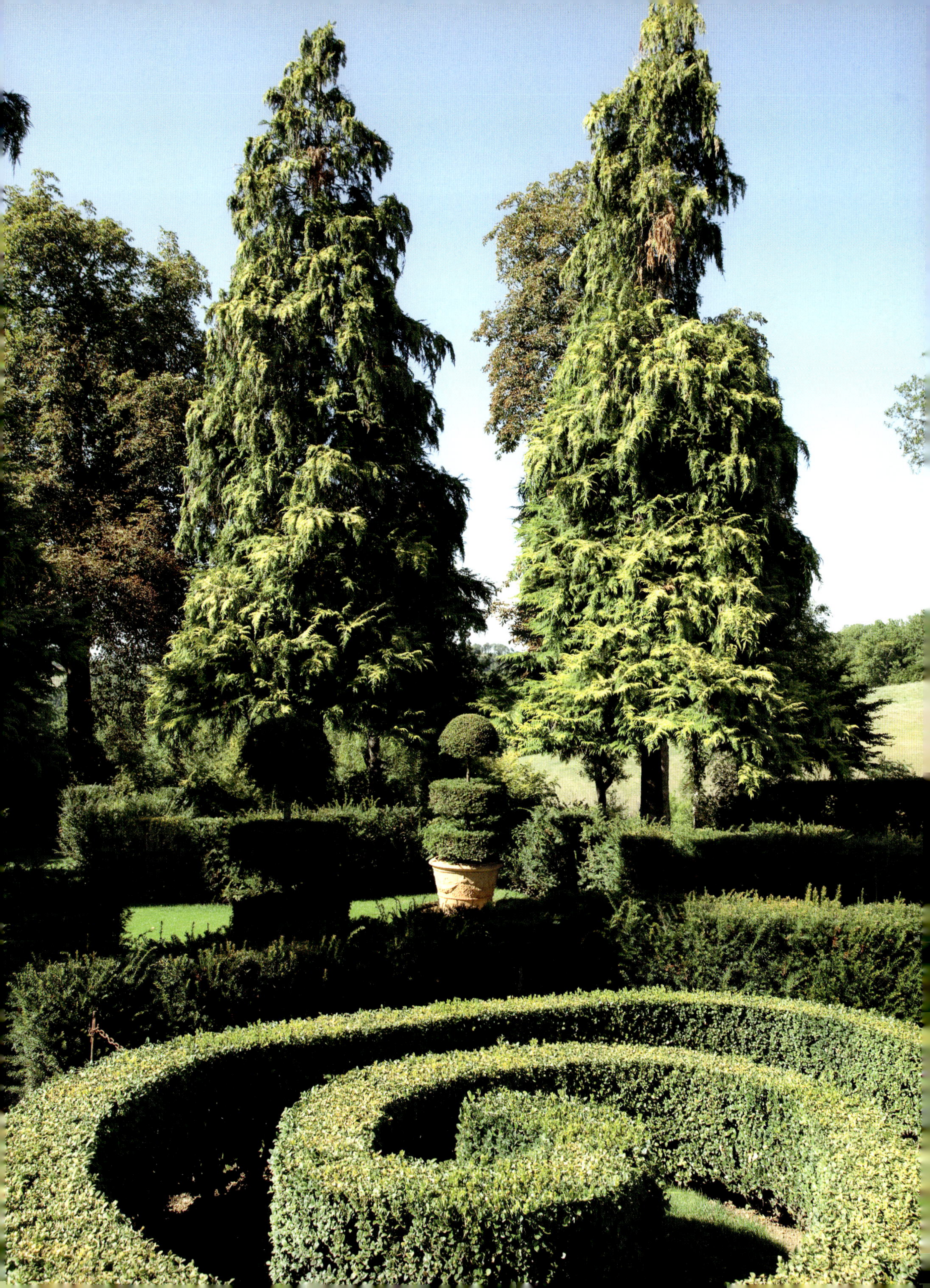

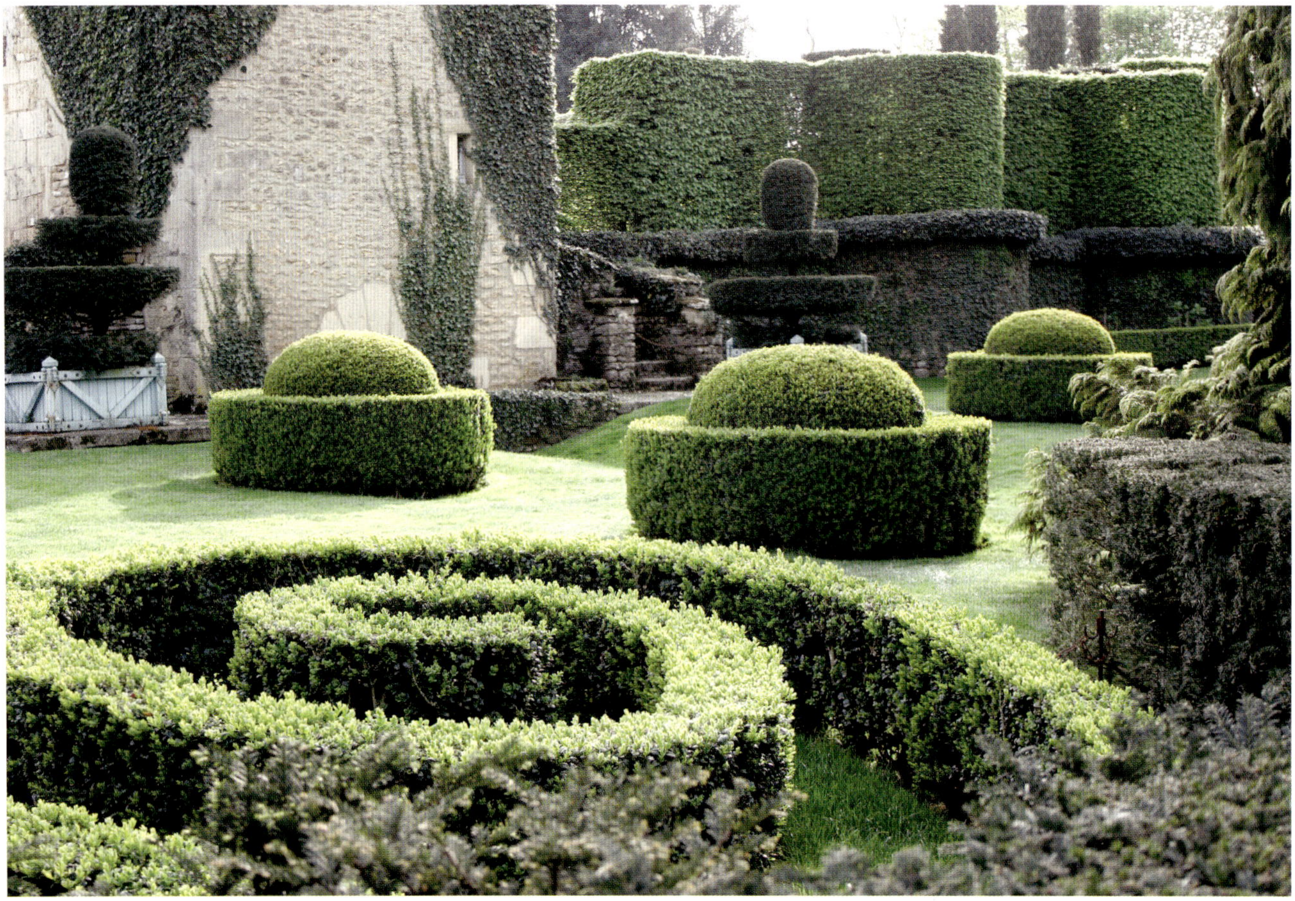

Sur les côtés du pavillon, des haies de charmes reprennent le dessin exact des anciens murs. L'allée transversale axée sur le pavillon est encadrée de deux grandes topiaires d'ifs en bacs et de quatre formes de buis. La symphonie des différents tons de vert reste attrayante en permanence.

On both sides of the pavilion, hornbeam hedges follow the exact pattern of the old walls. The cross-axis aligned on the pavilion is framed by two large yew topiaries in planters and four box shapes. The symphony of the different shades of green is permanently attractive.

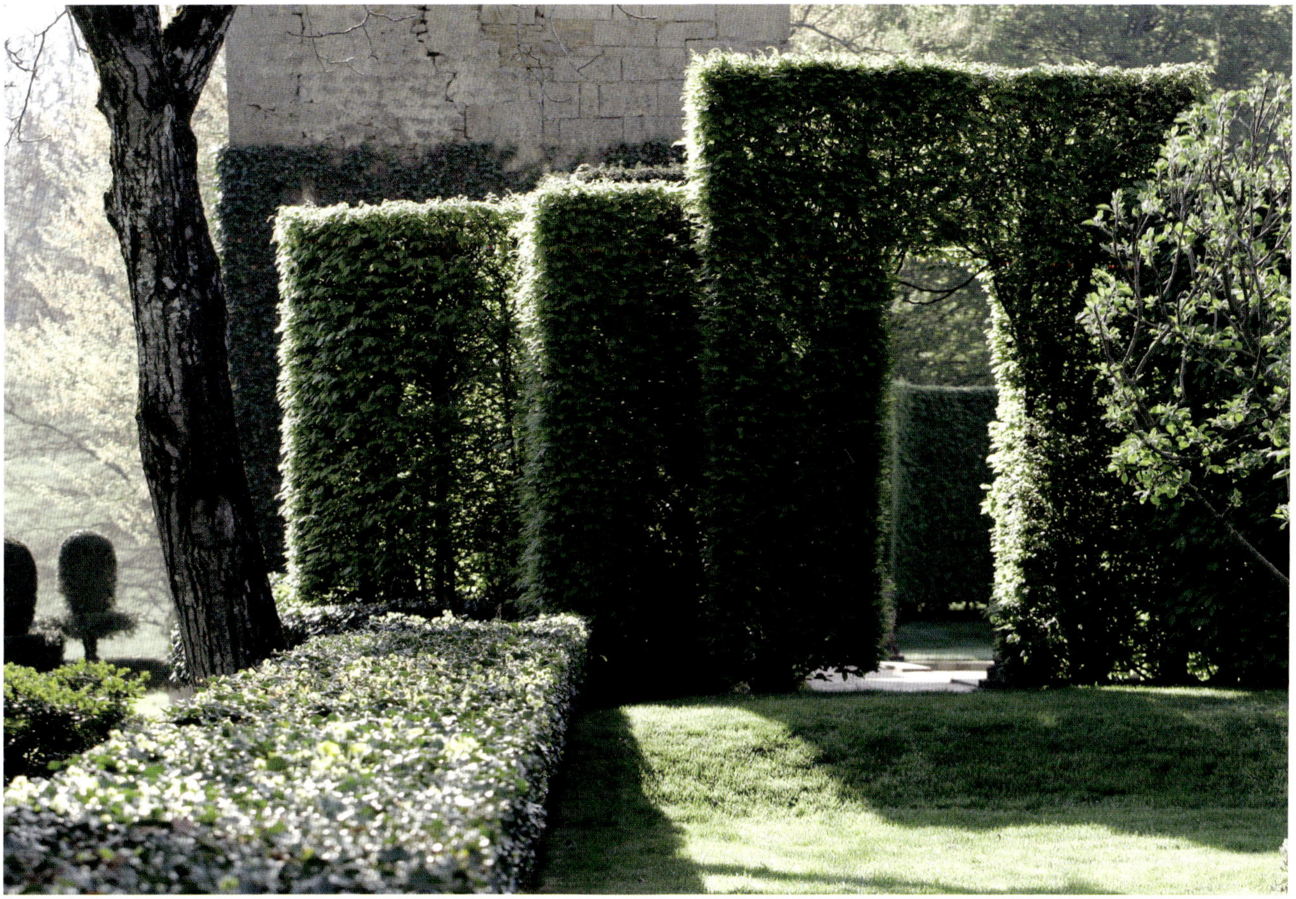

À proximité du pavillon, les haies de charmes forment de véritables murs et marient le jardin à l'architecture. Les lumières changeantes au fil des heures donnent à ces murs de verdure des aspects très différents, tantôt massifs et compacts, tantôt aussi translucides que des structures de verre.

Near the pavilion, the hornbeam hedges form veritable walls, marrying the garden to the architecture. The different light at various times of day changes the appearance of these walls of greenery, so that at times they appear solid and compact, yet at others they are as translucent as buildings of glass.

DOUBLE-PAGE SUIVANTE / OVERLEAF

Les murs anciens ont été conservés et ont servi de base à l'édification des murs de verdure. Les topiaires au fond encadrent le chemin qui mène à la rotonde de charmes.

The ancient walls have been conserved and were used as a foundation for the walls of greenery. The topiary shapes in the background frame the path leading to the Hornbeam Rotunda.

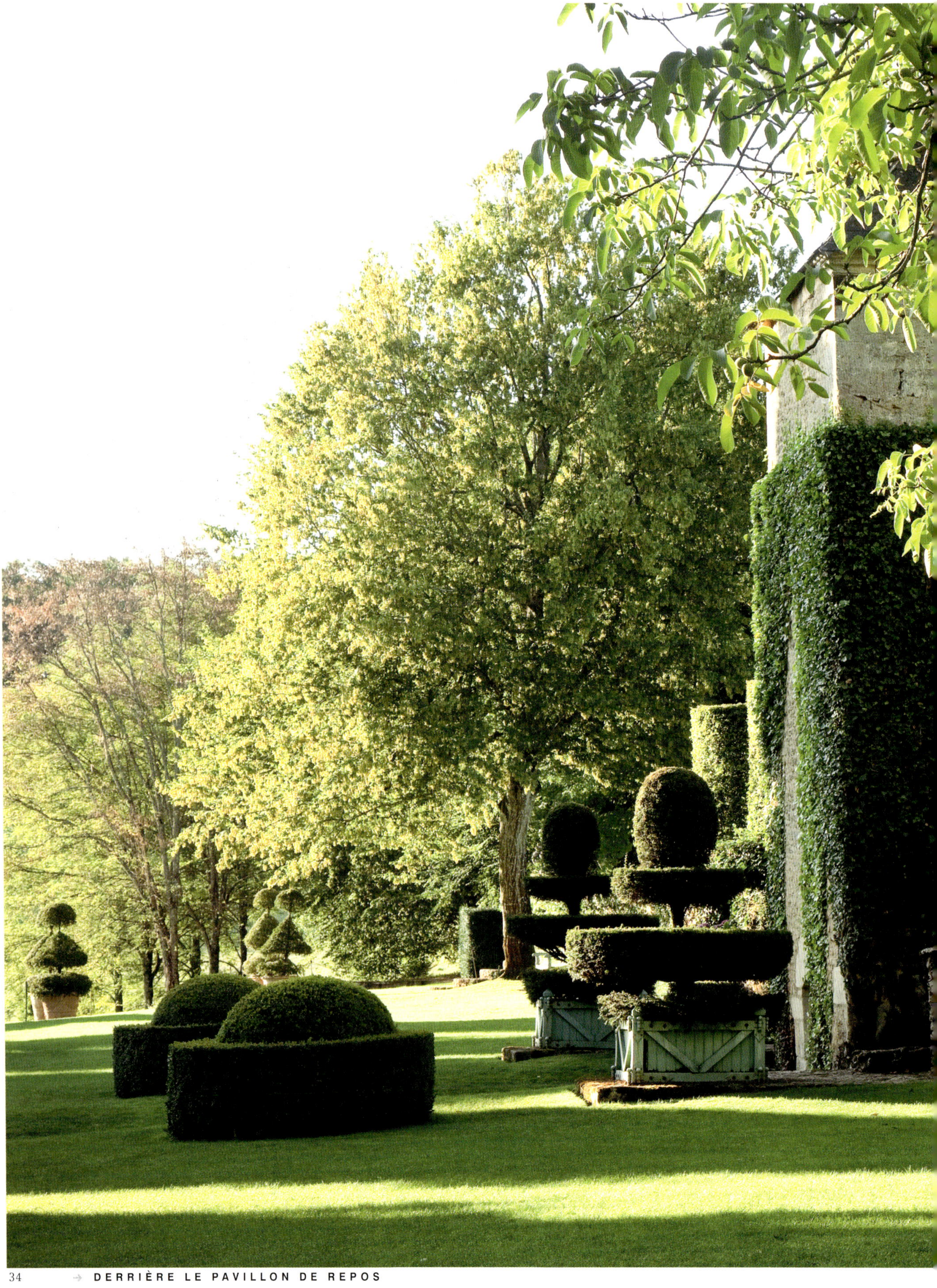

→ DERRIÈRE LE PAVILLON DE REPOS

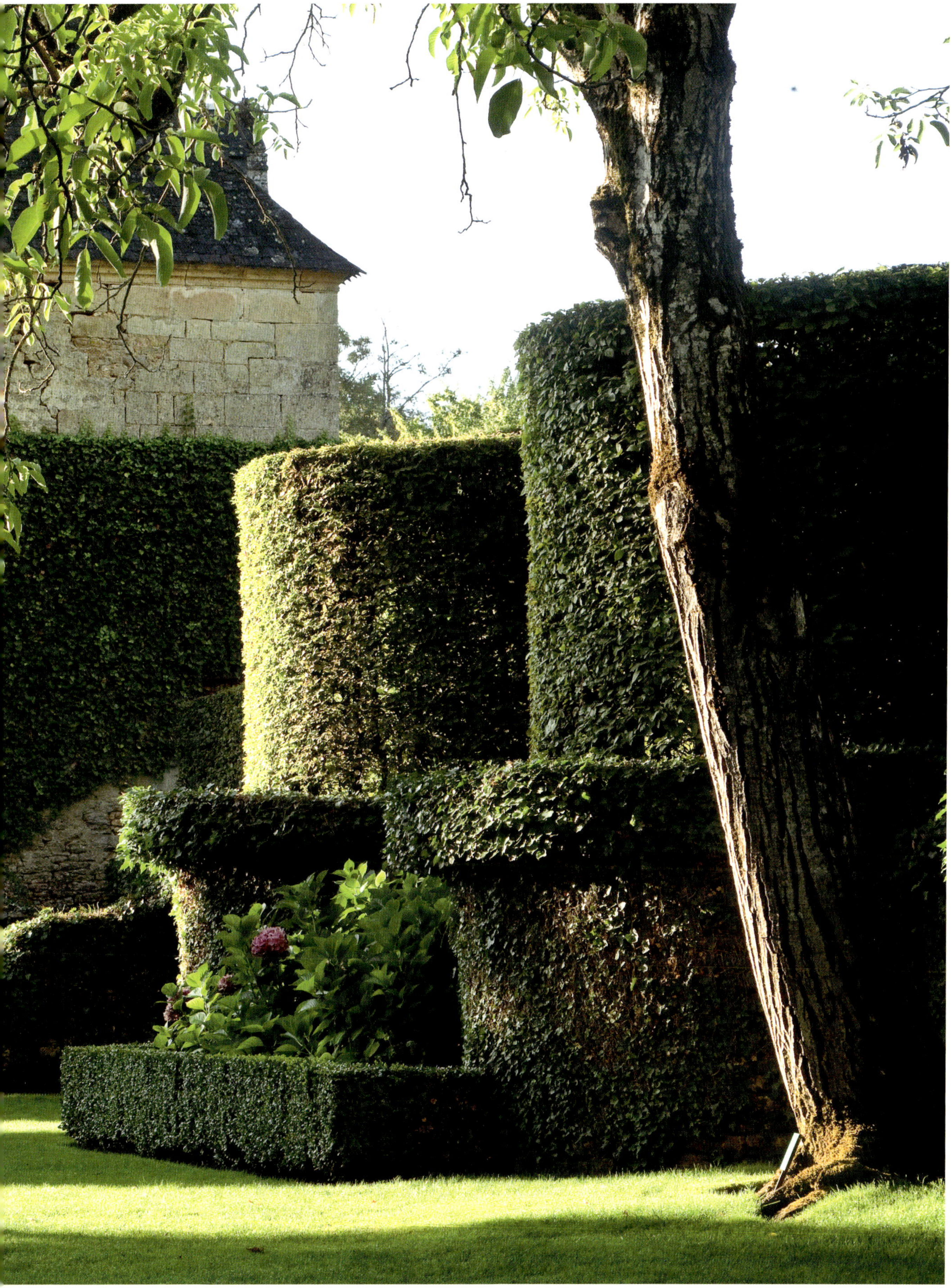

→ DU CÔTÉ DU PAVILLON CHINOIS

De ce côté du jardin, des chemins étroits encadrés de haies moyennes forment non pas un labyrinthe, mais une succession de perspectives, qui coupent comme des diagonales l'axe principal formé par le prolongement de l'allée des charmes jusqu'au pavillon chinois. L'ambiance plus feutrée engage à la rêverie alimentée par les échappées vers le paysage.

BY THE CHINESE PAVILION

From this side of the garden, the narrow paths, defined by hedges of medium height, form not a maze but a succession of vistas. These cut diagonally across the main axis formed by the extension of the Hornbeam Walk up to the Chinese Pavilion. The more muffled, cloistered ambience here encourages daydreams inspired by glimpses of the countryside beyond.

Le pavillon chinois a été dessiné et construit au XVIIe siècle et conservé en l'état depuis. Sa couleur rouge offre un parfait contraste avec le vert sombre des buis.

The Chinese Pavilion, designed and built in the 17th century, has been well maintained ever since. Its red colouring makes an ideal foil for the sombre green of the box hedges.

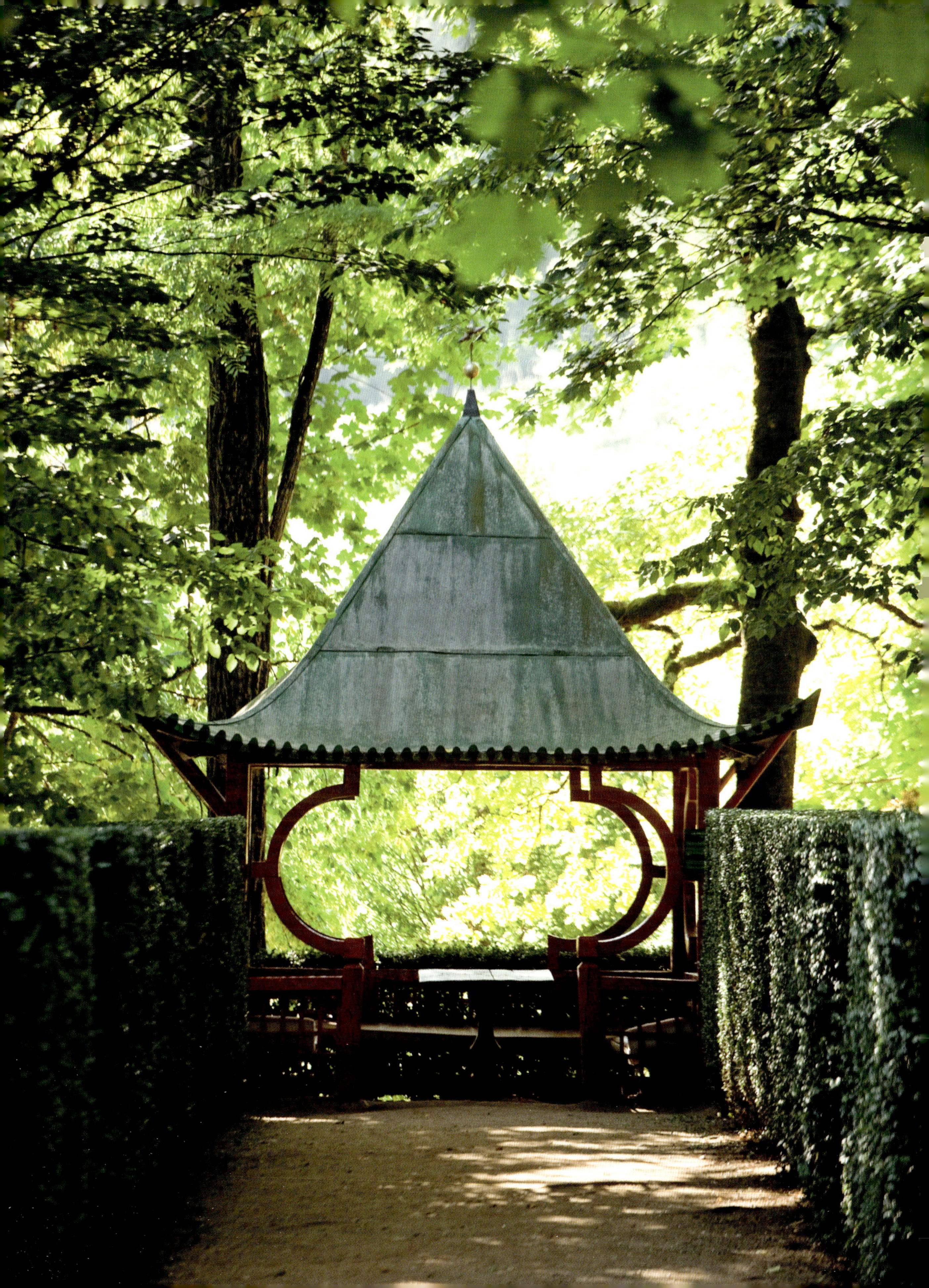

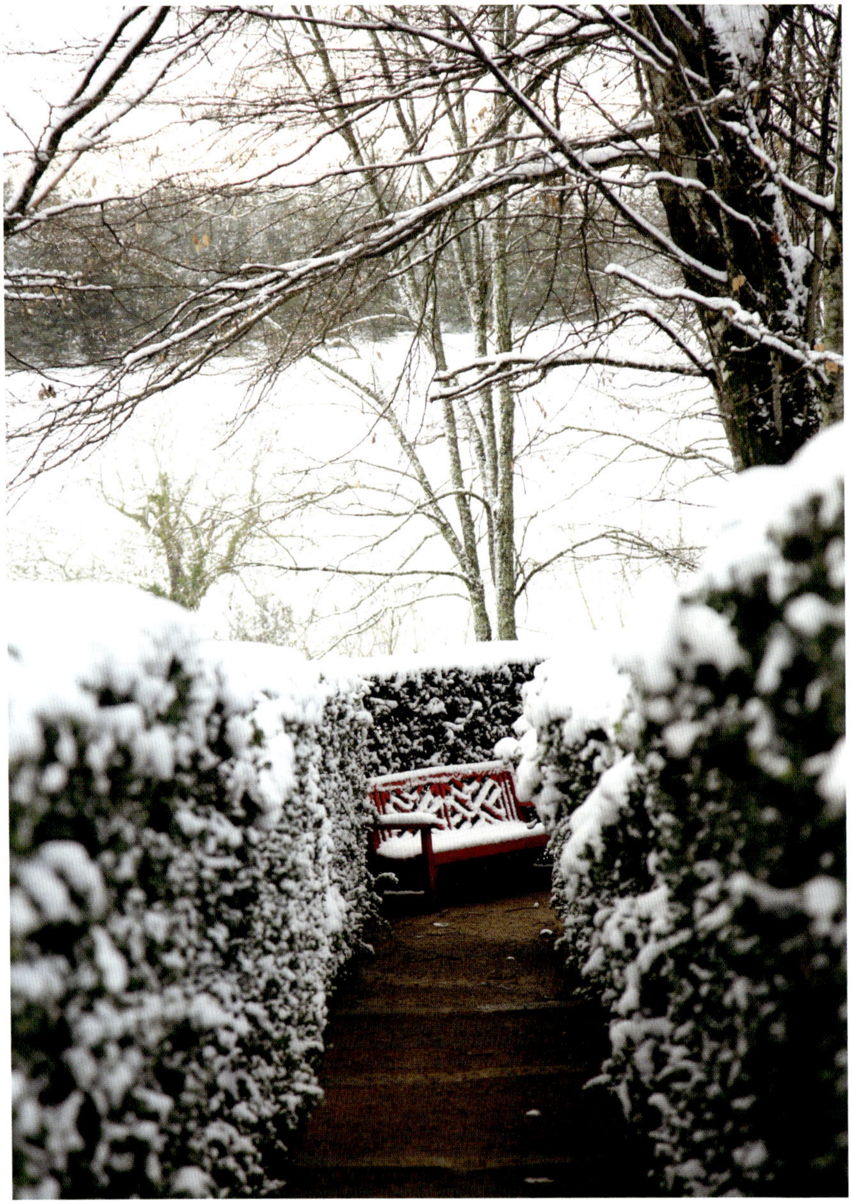

Les hautes haies de buis donnent une impression de protection et permettent de s'isoler facilement pour se reposer ou rêver un peu.

The high box hedges give a feeling of protection and easily allow one to find a quiet spot, for rest or reflection.

DOUBLE-PAGE SUIVANTE

L'angle sud-est du jardin est marqué par une rotonde de charmes, à l'angle de l'allée des vases et d'une des perspectives venant du pavillon chinois.

NEXT DOUBLE-PAGE SPREAD

The southeast corner of the garden is marked by a Hornbeam Rotunda. It stands at the point where one of the vistas from near the Chinese Pavilion meets the Avenue of Vases.

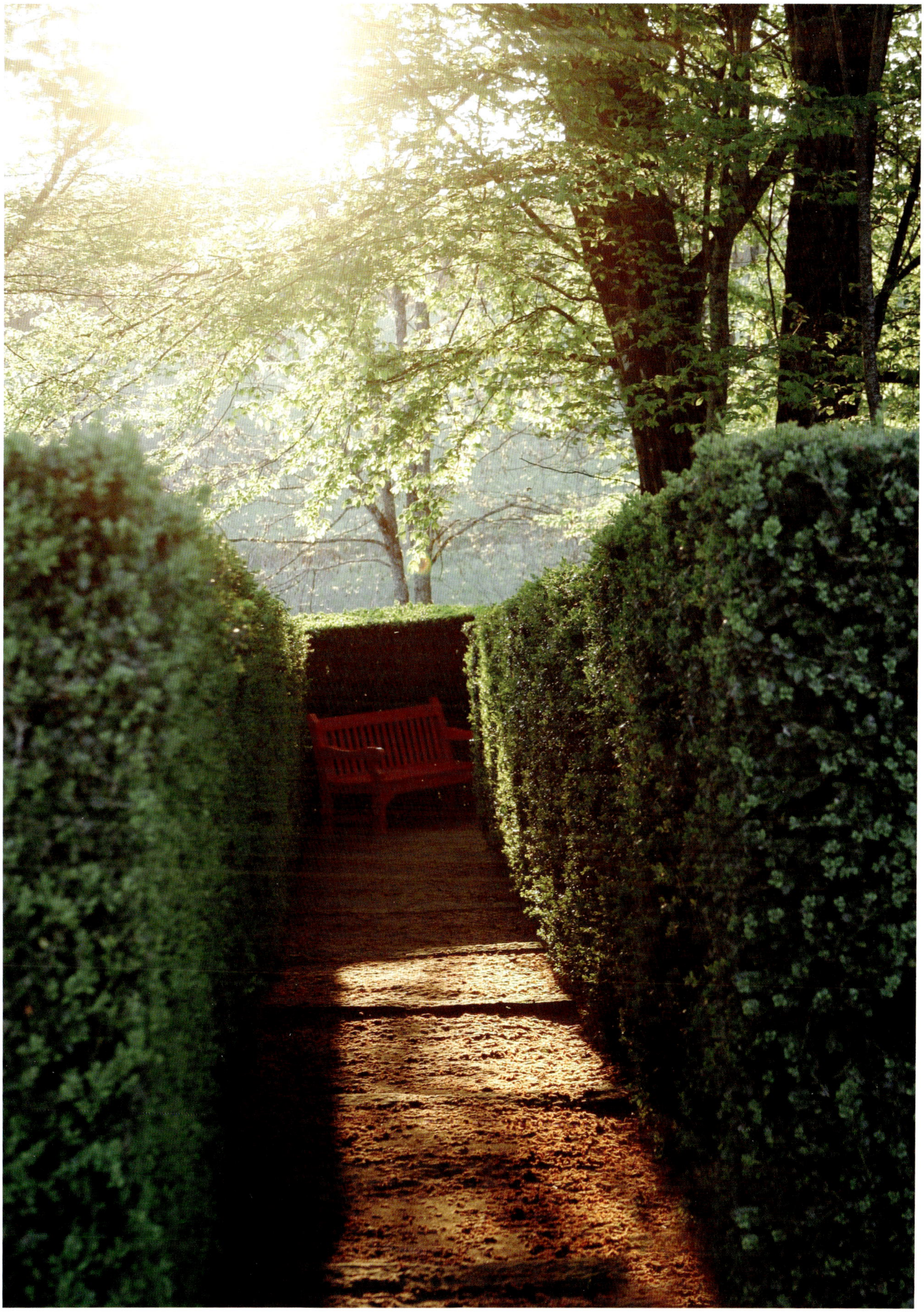

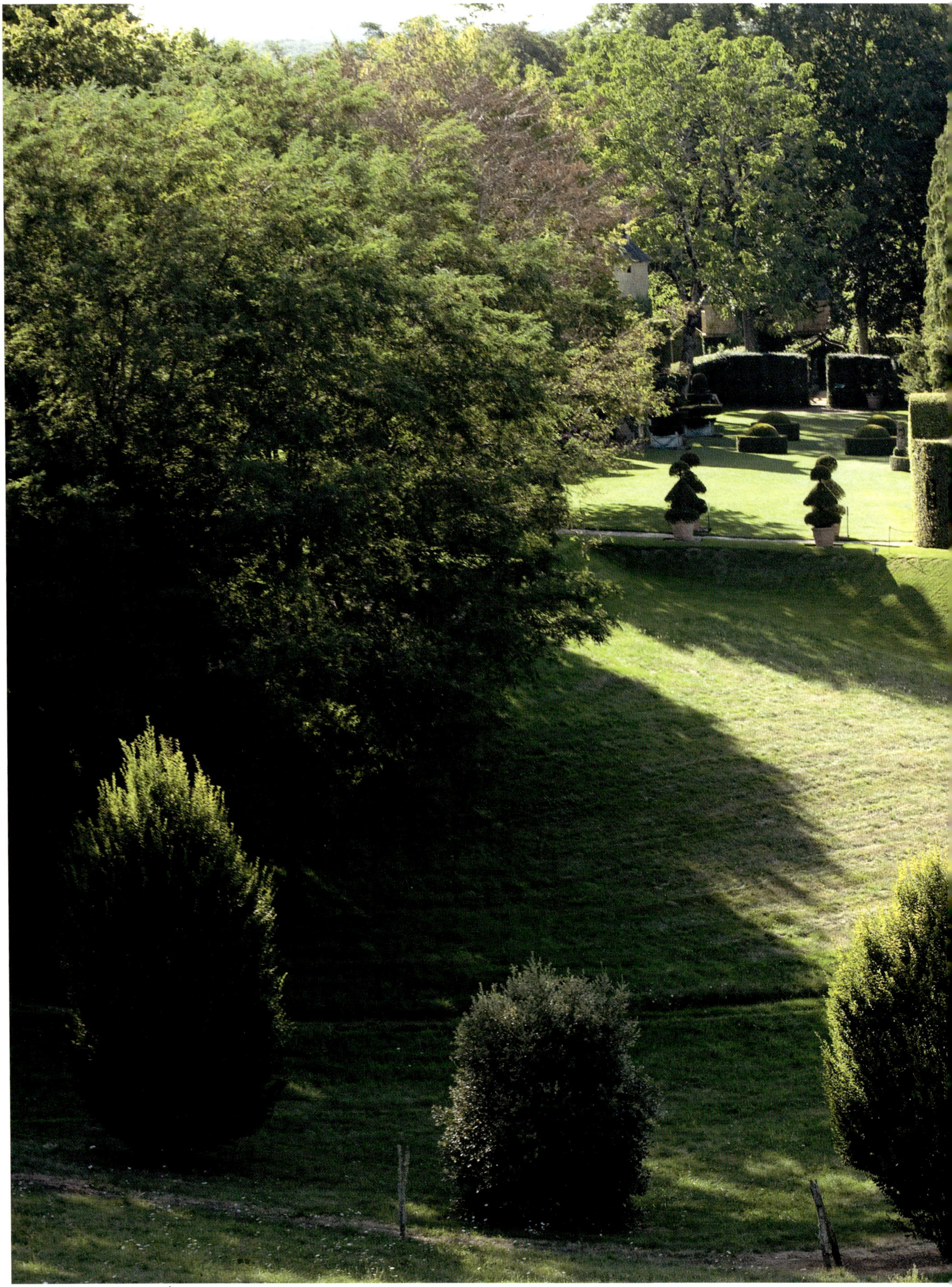

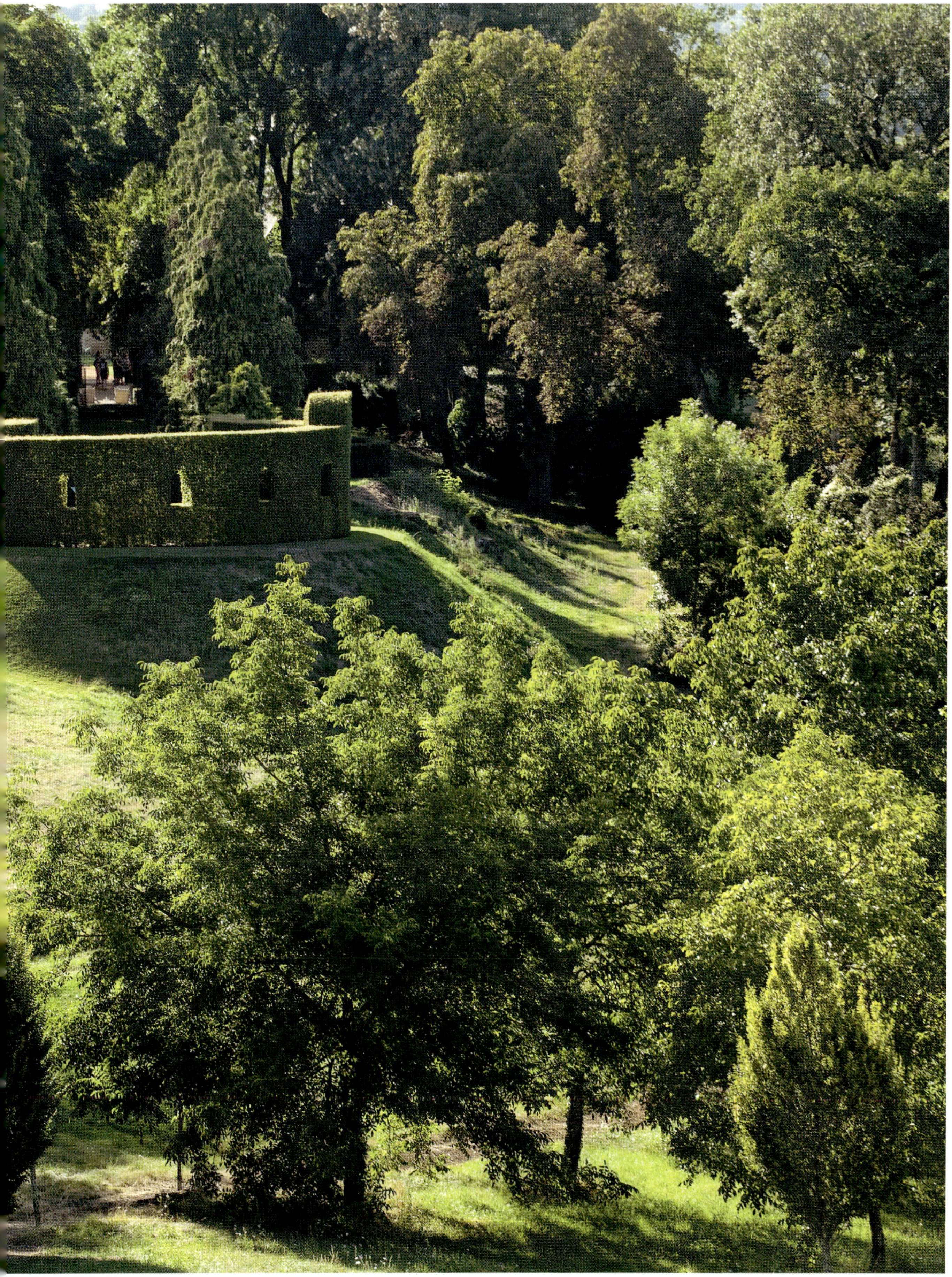

→ LES ALLÉES ET LA SALLE DE VERDURE DE CHARMES

Une grande rotonde constituée de charmes assez hauts figure une sorte de « tour » à l'angle sud-est du jardin. Ce grand mur végétal permet l'articulation de deux perspectives importantes, et l'ouverture du jardin sur le paysage. Chaque petite fenêtre aménagée dans les charmes cadre un point précis du paysage. D'ici, on peut observer très loin, sans être vu.

THE HORNBEAM ROTUNDA

A large rotunda made of fairly tall hornbeams creates a sort of "tower" at the southeast corner of the garden. This great wall of greenery links two important vistas and also allows the garden to look out onto the countryside. Each small window fashioned in the hornbeams frames a precise spot in the landscape. From here you can see a long way without being seen.

Huit fenêtres permettent de s'échapper des hautes haies de charmes et d'avoir une vue sur la campagne, ou sur le jardin. Pour rester régulières, elles sont découpées à l'aide d'un gabarit.

Eight windows allow you to escape the tall hornbeam hedges and to see out over the countryside or into the garden. To keep them neat they are cut using a template.

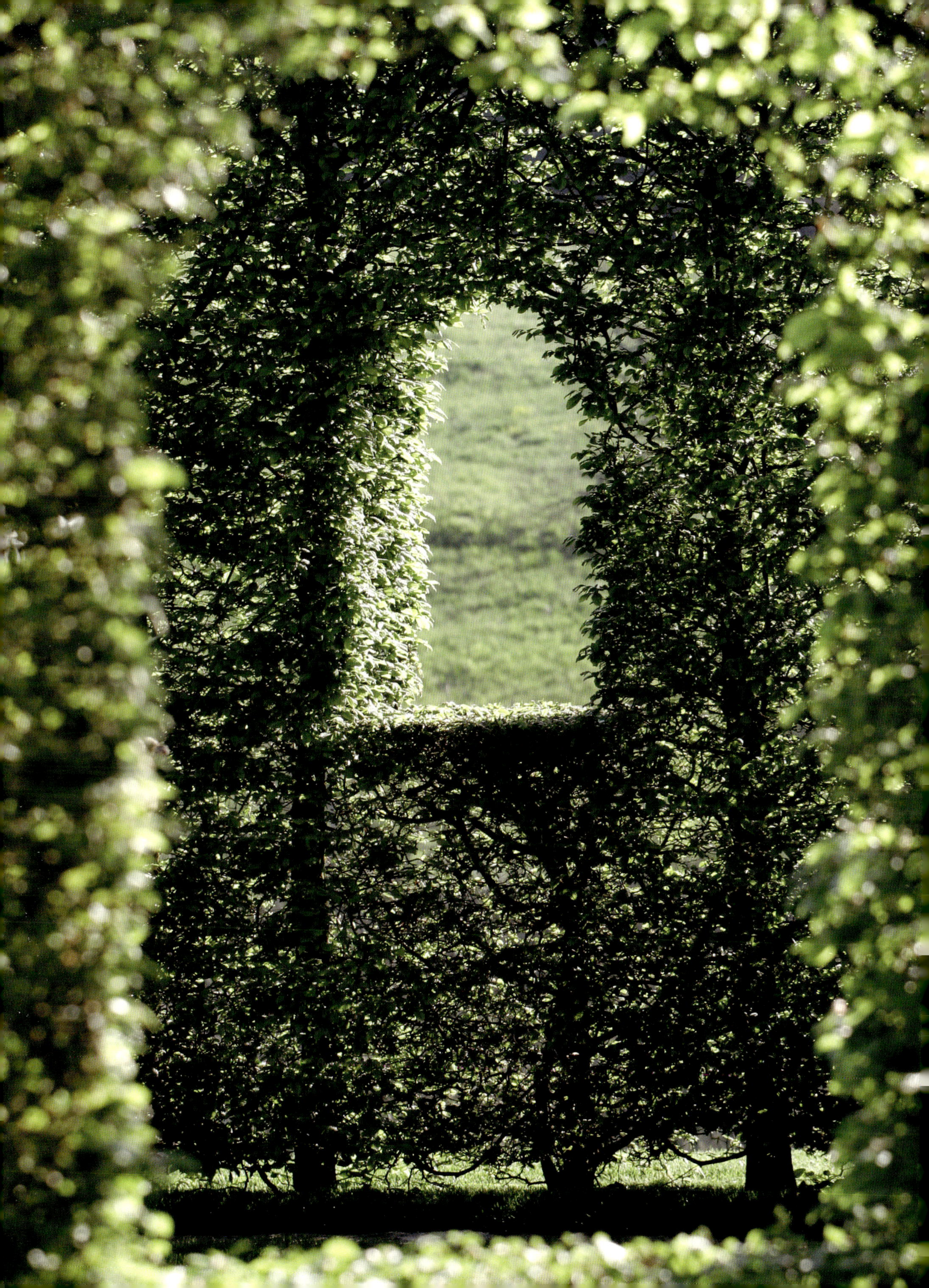

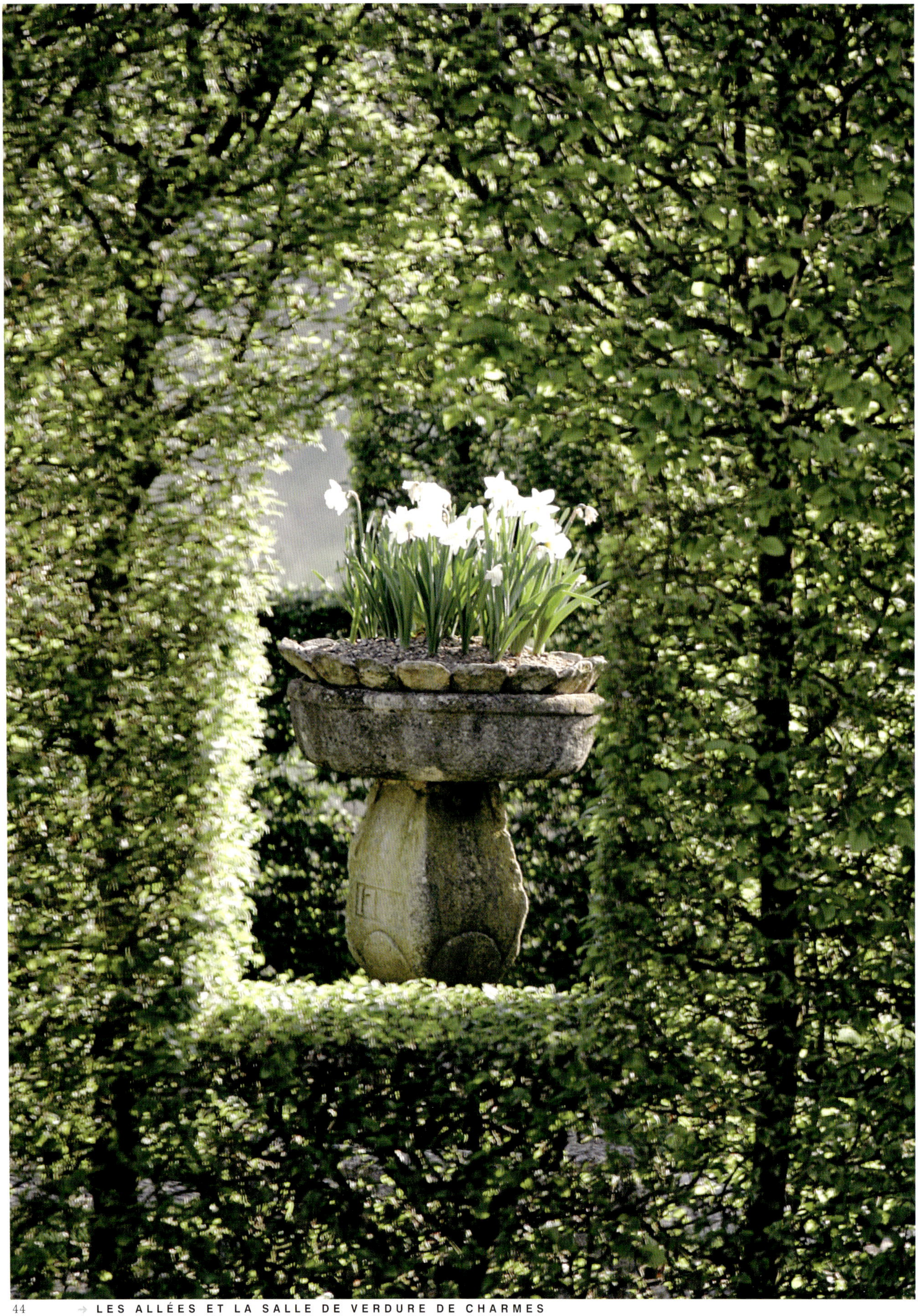

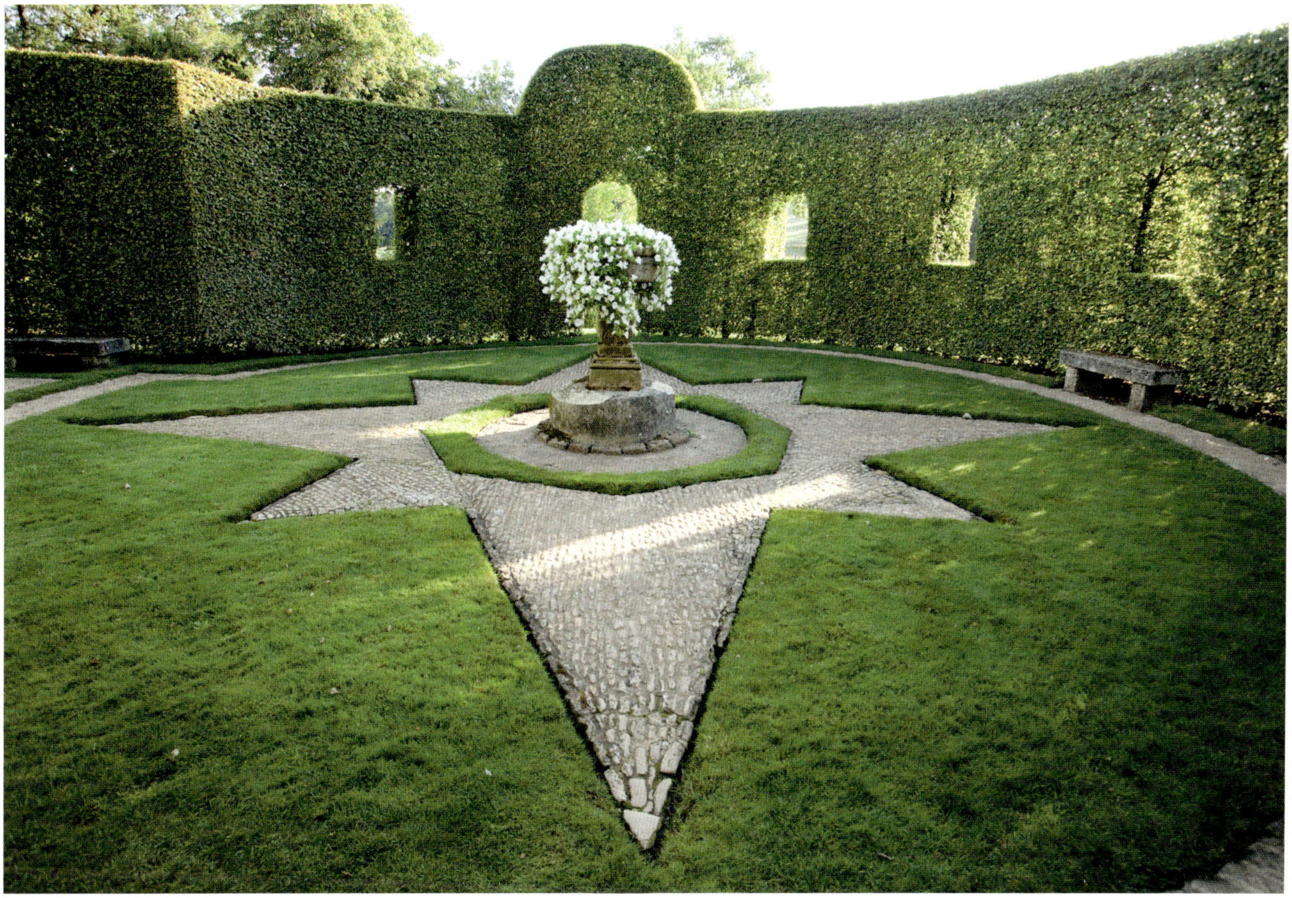

Au centre de la rotonde, une étoile à huit branches permet de s'orienter facilement. Comme un bijou serti au cœur de ce pavage de pierres, une vasque accueille un fleurissement saisonnier varié, mais toujours blanc. Des narcisses au printemps (À GAUCHE), des pétunias retombants en été (CI-DESSUS).

At the centre of the rotunda, an eight-pointed star allows one to get one's bearings. Like a jewel set at the heart of this stone paving, a bowl holds a planting of flowers that vary by season, but are always white. In spring they are daffodils (LEFT), in summer, trailing petunias (ABOVE).

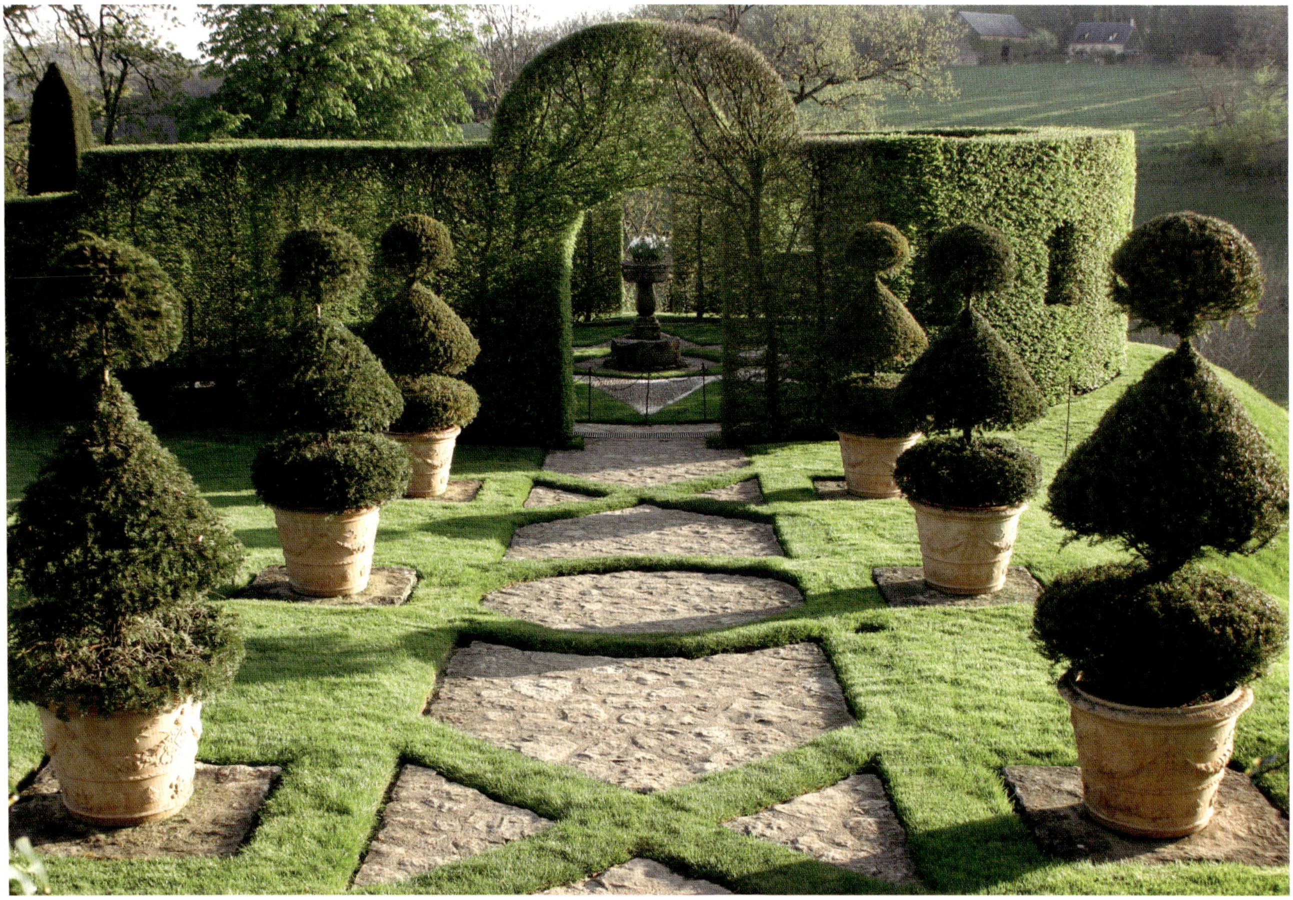

Les topiaires d'ifs plantés dans des grandes poteries florentines encadrent le chemin qui mène à la rotonde de charmes. Au printemps, la lumière rasante et claire valorise le dessin élaboré qui lie de manière originale le pavage de pierre au gazon.

Yew topiaries planted in large Florentine pots frame the path that leads to the hornbeam rotunda. The clear, raking light of spring accentuates the elaborate pattern that links the stone paving with the lawn in such an original manner.

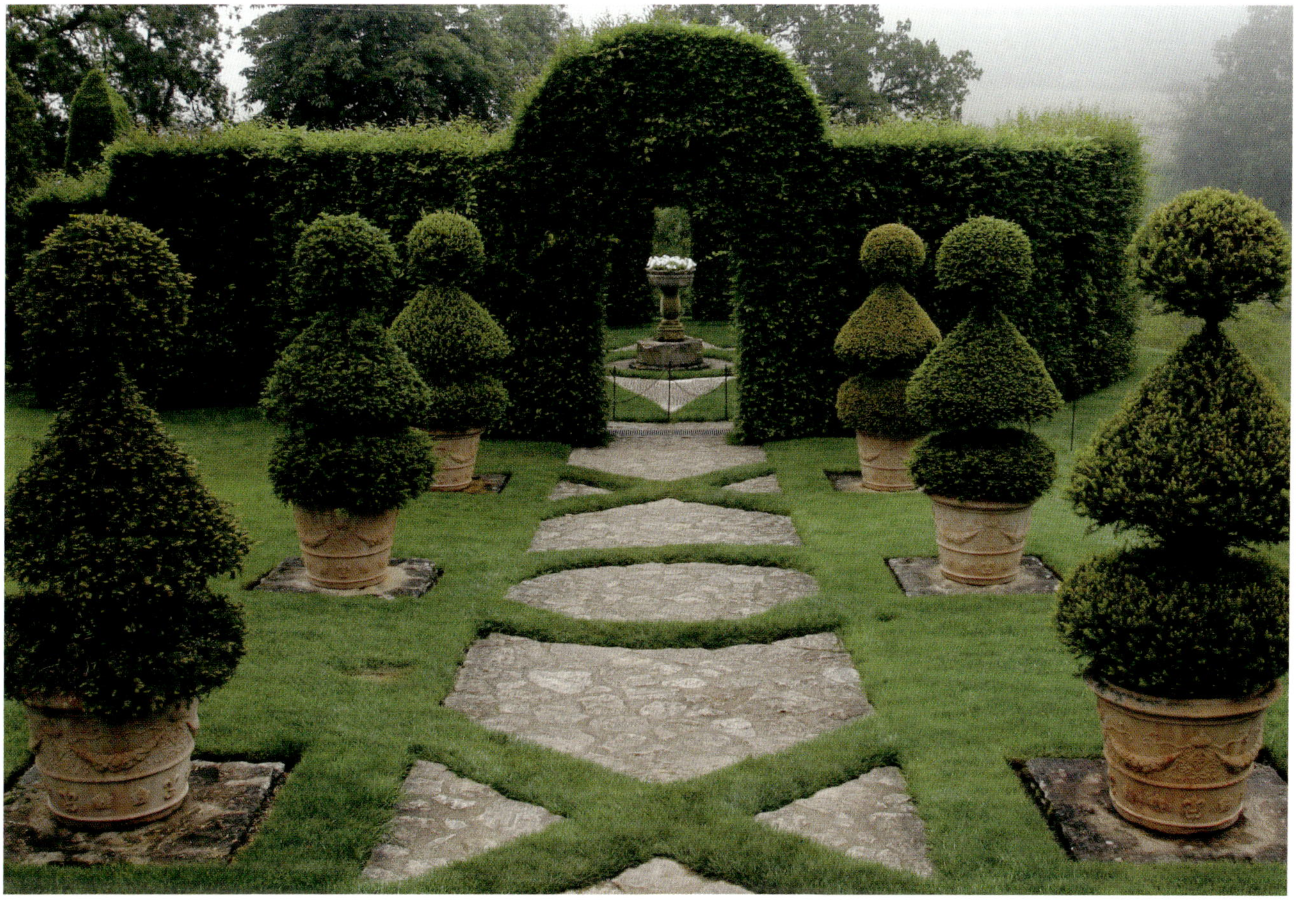

L'été, certains matins brumeux apportent une touche de mystère et semblent donner une allure plus grave aux topiaires. Pour rester impeccables, les bordures de gazon sont découpées une fois par semaine.

Certain misty summer mornings lend a touch of mystery and seem to make the topiary appear more solemn. The grass edgings are trimmed twice a week to keep them neat.

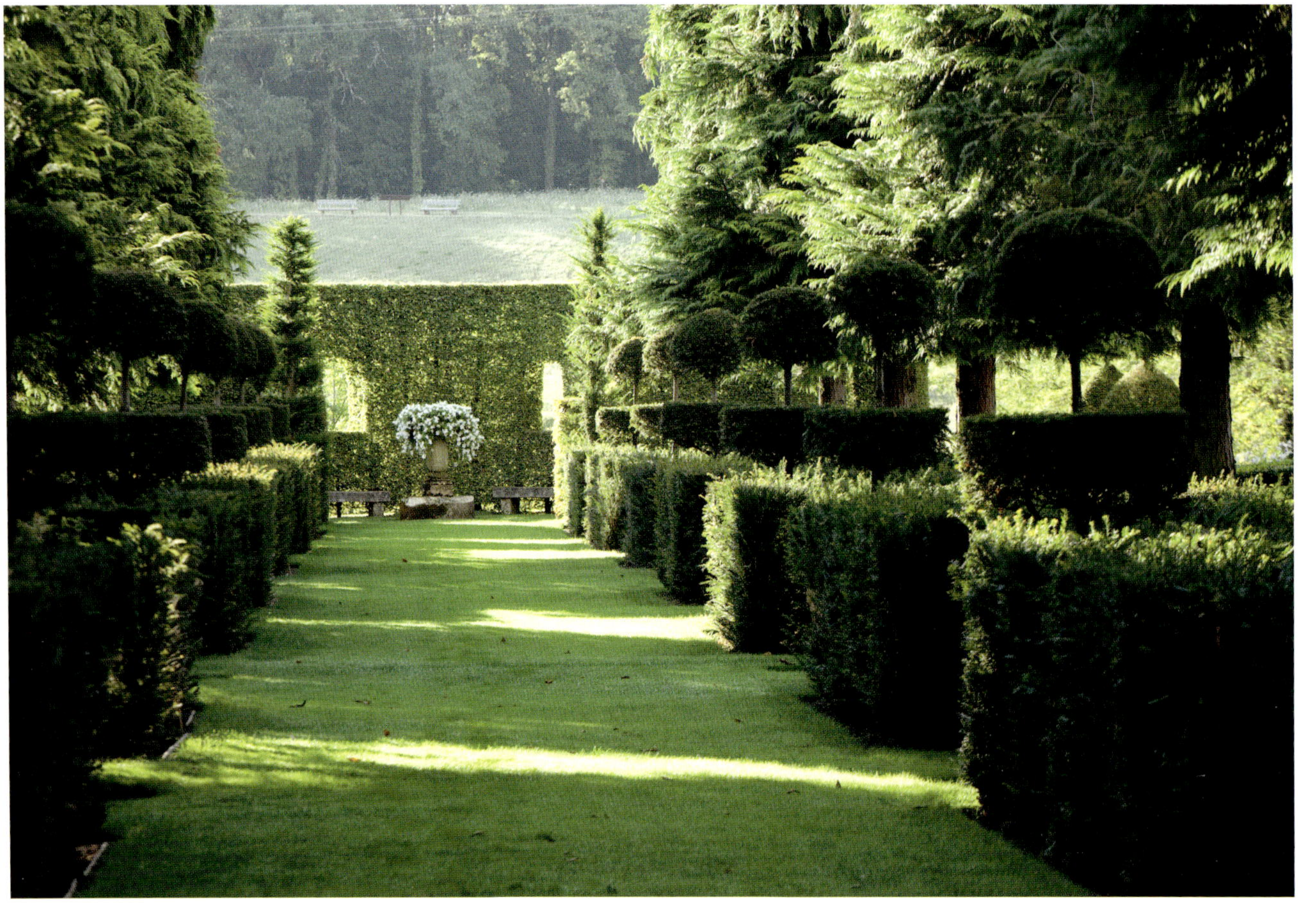

Des créneaux en if soulignent et « ancrent » de grands conifères dorés (*Chamaecyparis lawsoniana* 'Stewartii'). Chaque alcôve abrite un vase florentin planté d'une topiaire d'ifs au sommet en boule, dont seule la partie supérieure est visible de loin.

Yew battlements underline and "anchor" the large golden conifers (*Chamaecyparis lawsoniana* 'Stewartii'). Each alcove shelters a Florentine vase planted with yew topiary, of which only the uppermost, ball-shaped part is visible from a distance.

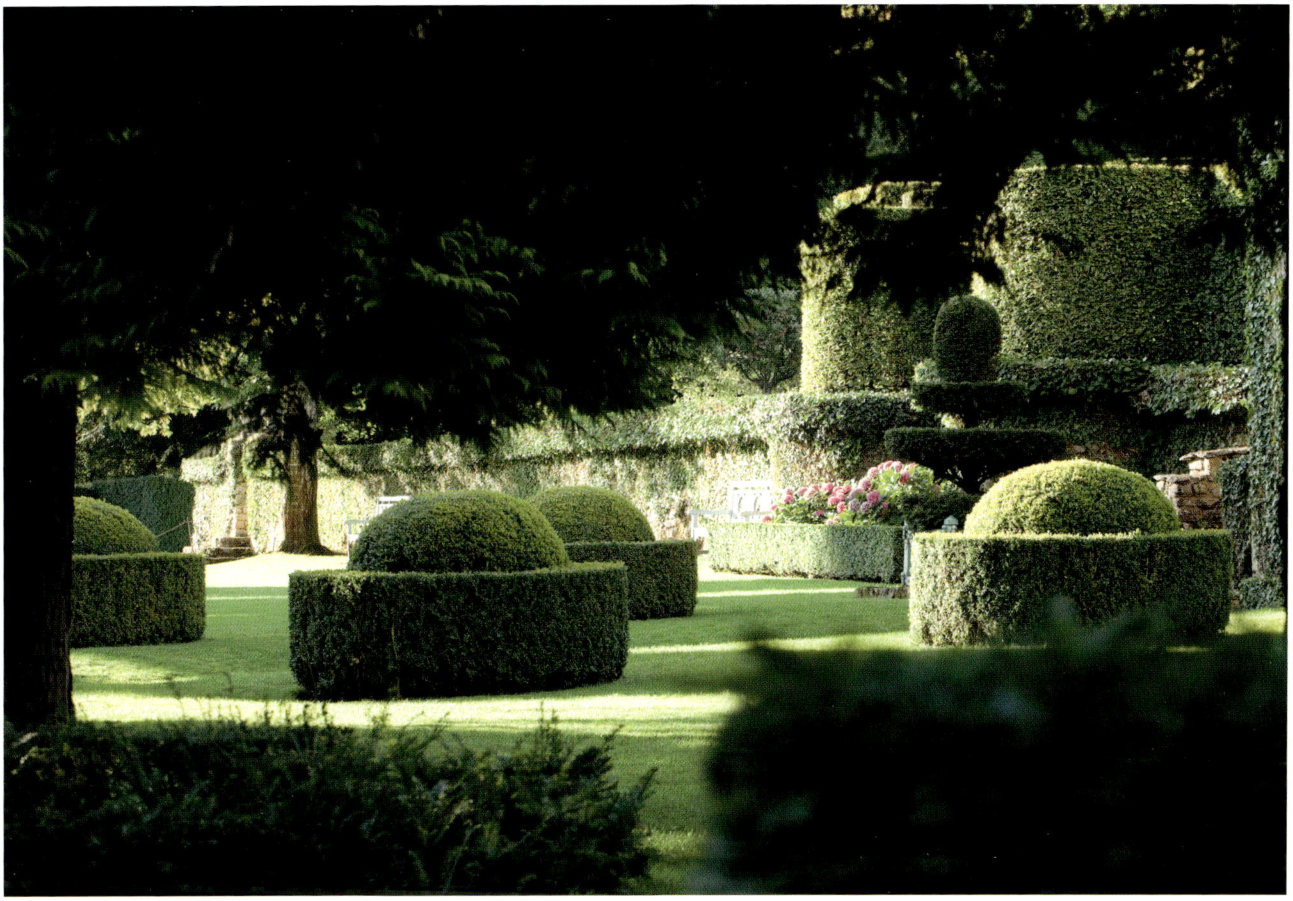

Un espace libre est maintenu entre les branches basses des *Chamaecyparis* et le sommet des haies d'ifs pour ouvrir la vue vers le pavillon de repos.

A clear space is maintained between the lower branches of the *Chamaecyparis* and the top of the yew hedges to open up the view towards the Pavilion of Tranquillity.

→ LE ROND-POINT DE REPOS

À l'approche du manoir, plusieurs espaces plus petits, plus intimes, ressemblent davantage à des pièces ou à des chambres. Elles accueillent du mobilier de jardin, une fontaine ou une statue, et sont revêtues de pierres ou de sable qui permettent une utilisation plus intensive.

THE CIRCLE OF TRANQUILLITY

On the approach to the manor-house, several of the smaller, more intimate spaces are more room-like in character. They contain various pieces of garden furniture, a fountain or a statue, and are surfaced with stone or sand, allowing them to be used more intensively.

La statue du Dieu du Temps qui passe est le symbole de la continuité de nos jardins. Il repose le pied sur un sablier, s'appuie sur une urne funéraire et tenait une torche, flambeau de la vie.

The statue of the god of Passing Time is the symbol of our gardens' continuity. He rests his foot on an hourglass, leans on a funerary urn, and once held a torch, representing the flame of life.

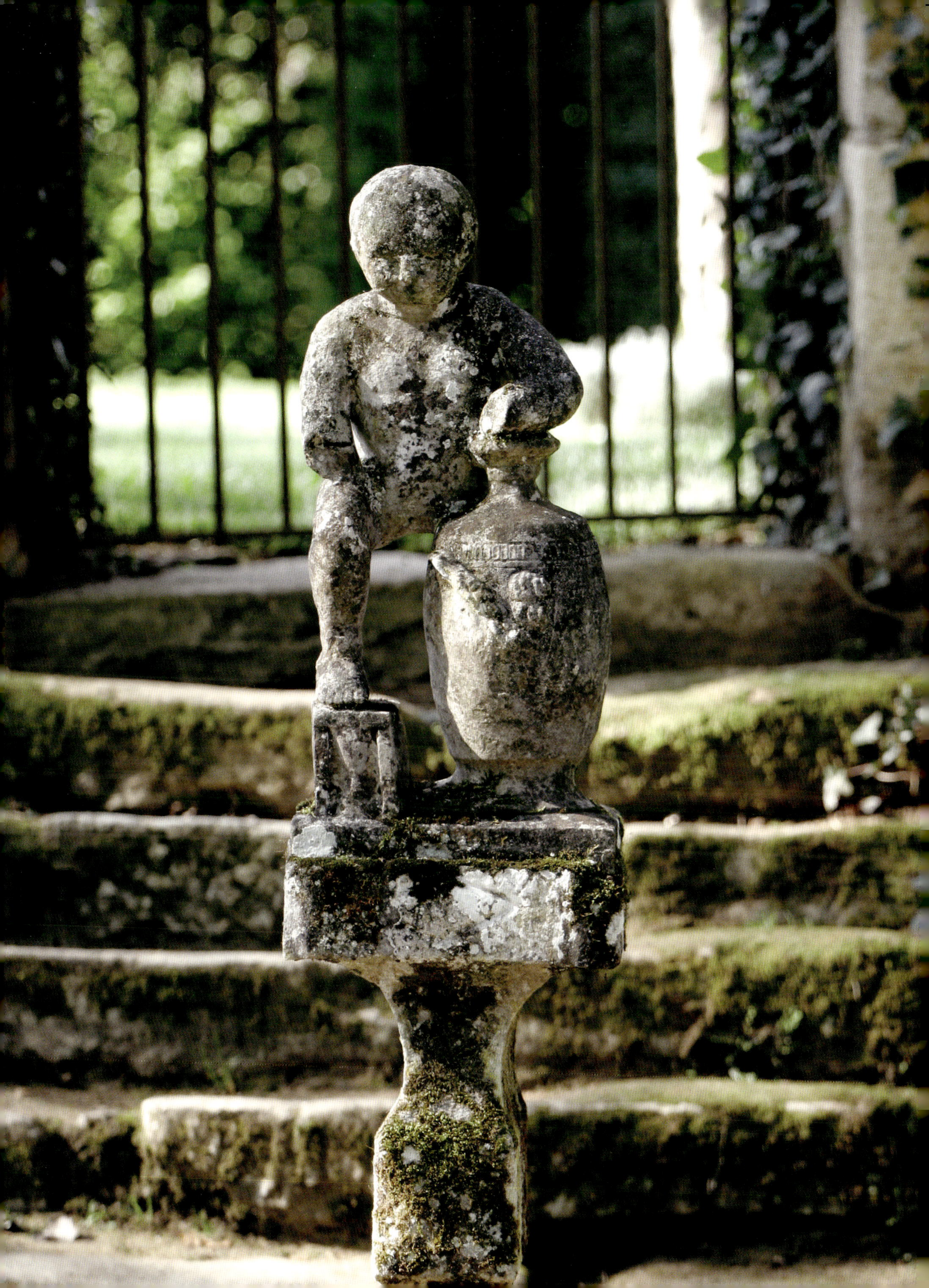

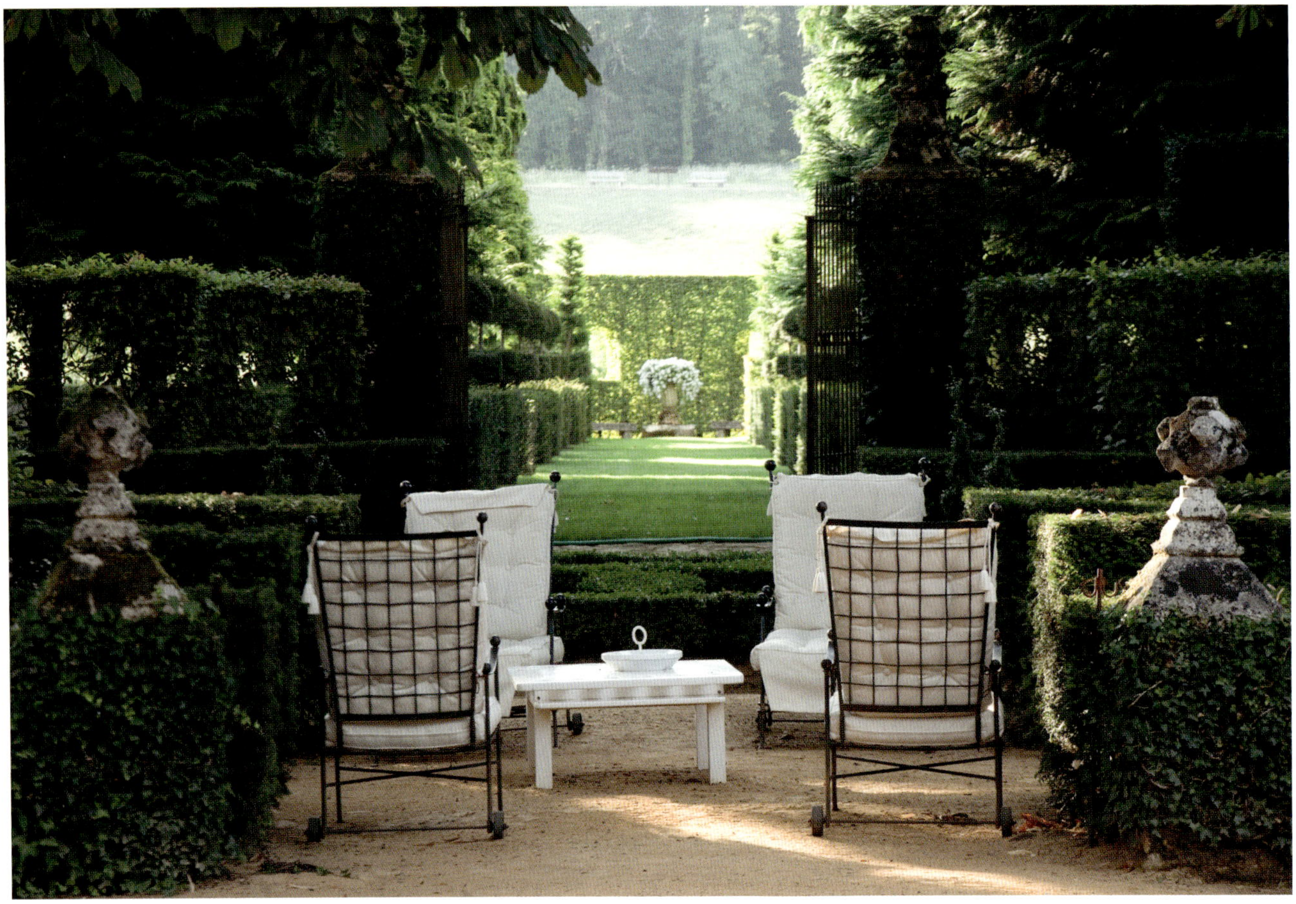

Le rond-point de repos est une petite chambre circulaire à proximité du manoir et située dans l'axe de l'allée des vases, focalisé par la corbeille de fleurs au centre de la rotonde de charmes.

The Circle of Tranquillity is a small, circular "room" close to the manor; it is situated on the axis of the Avenue of Vases, which is focused on the flower-filled urn at the centre of the Hornbeam Rotunda.

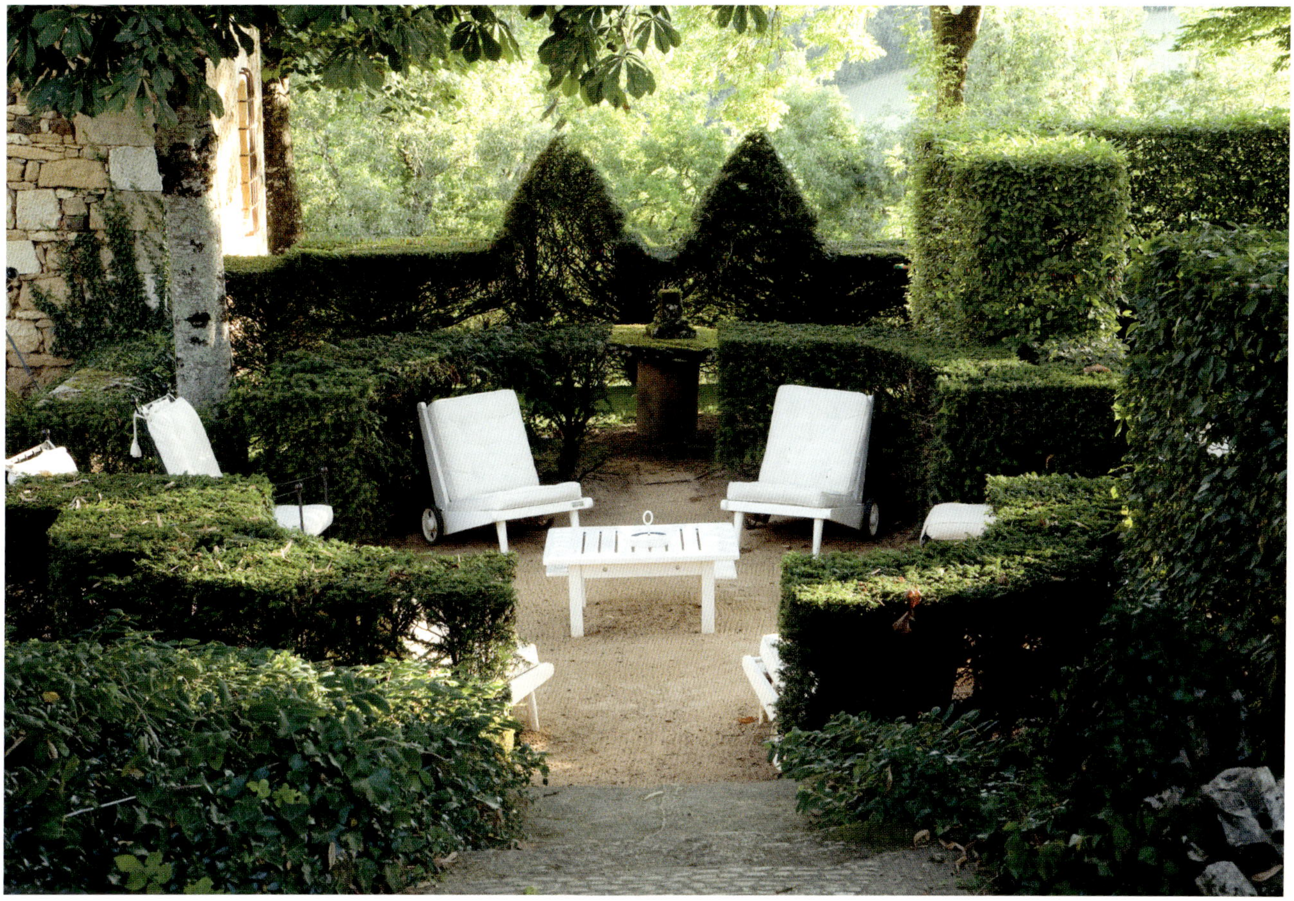

Cette chambre est vraiment l'endroit le plus "privé" du jardin, même si elle n'est pas isolée du parcours de la visite. Ses dimensions réduites donnent une atmosphère plus intime qui contraste fortement avec celle des parties voisines.

This room is truly the most "private" place in the garden, even though it is not closed to visitors. Its small size gives it a more intimate atmosphere, in marked contrast to the areas nearby.

DOUBLE-PAGE SUIVANTE

Entre le rond-point de repos et l'allée des vases proprement dite s'intercale un petit jardin particulier orné d'une broderie de buis flanquée de quatre buis en colimaçons. Une grille (souvent ouverte) marque le début de l'allée des vases.

NEXT DOUBLE-PAGE SPREAD

Between the Circle of Tranquillity and the Avenue of Vases itself lies a small, special garden, decorated with a box parterre flanked by four box spirals. A gate (often left open) marks the start of the Avenue proper.

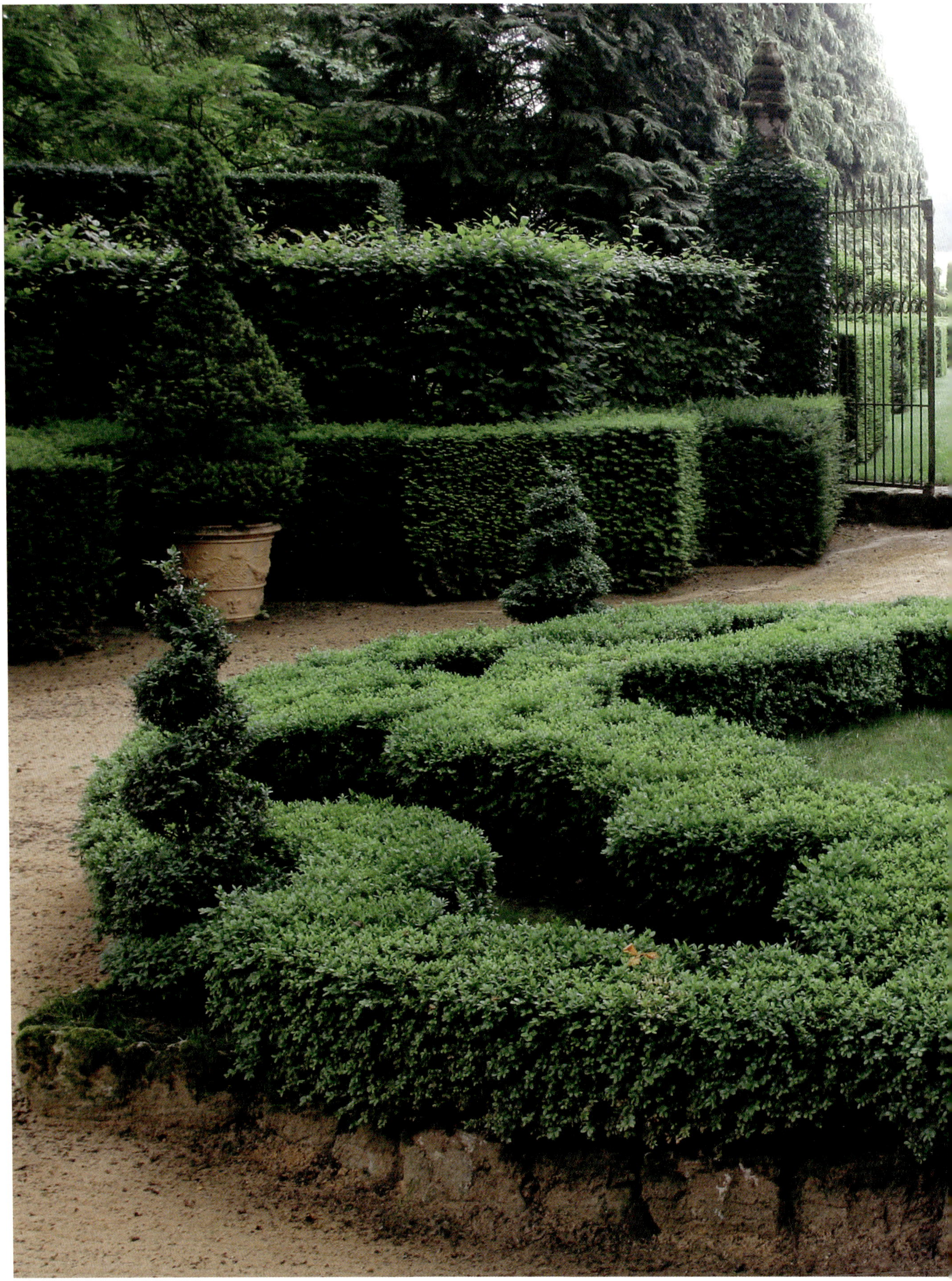

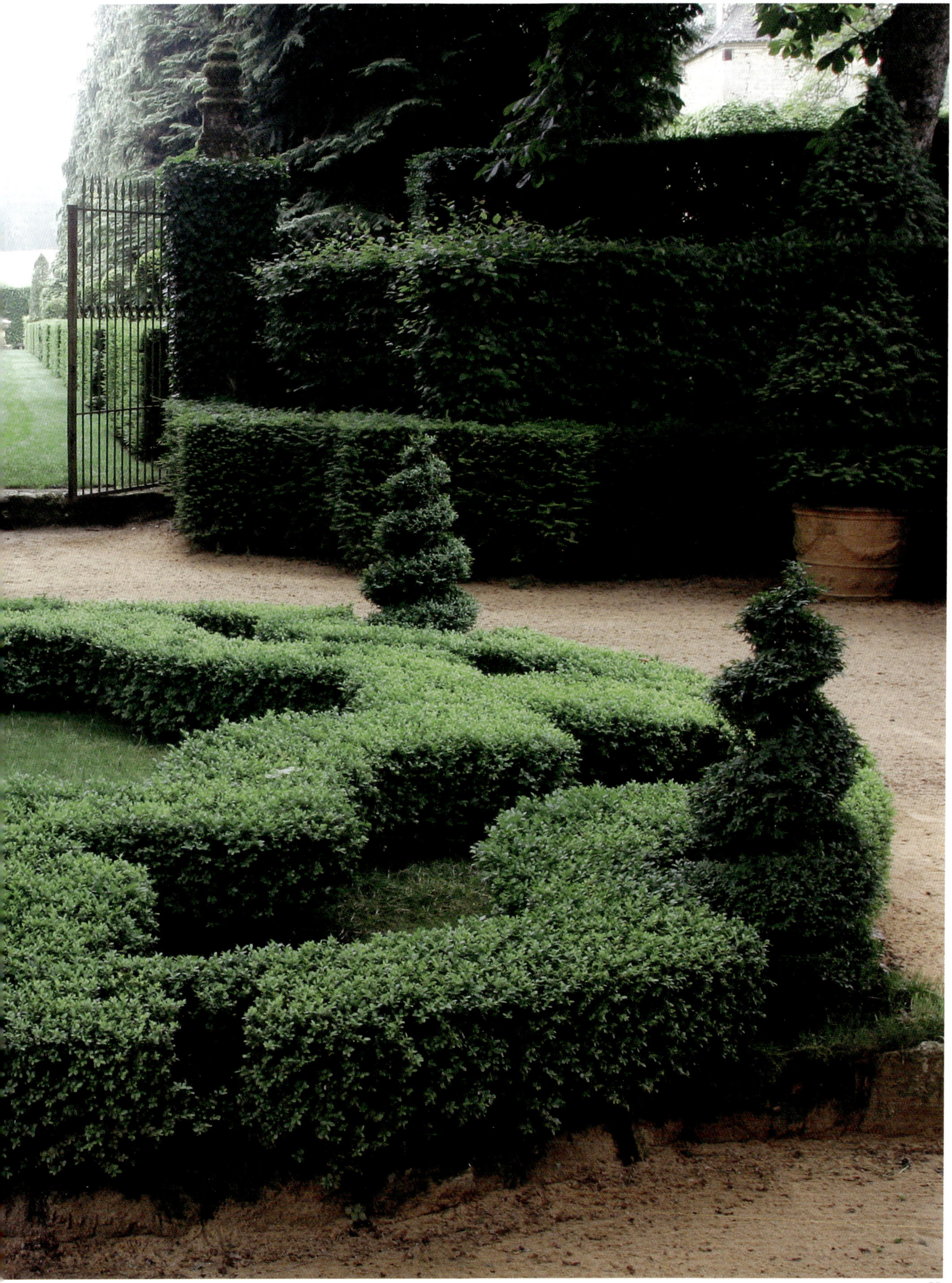

→ LE JARDIN FRANÇAIS

Cette grande pelouse s'orne d'une broderie de buis, dont la perception du dessin change avec la hauteur à laquelle on la regarde. Insoupçonnables depuis le niveau de la cour, le dessin et les perspectives apparaissent dans toute leur splendeur depuis le premier étage de la maison. Deux pavillons, un pigeonnier et une chapelle encadrent la base de ce jardin comme pour mieux le relier à la cour du manoir.

THE FRENCH GARDEN

This large lawn is decorated with an "embroidery" of box hedges; one's perception of its design varies according to the height from which it is viewed. Unsuspected from the level of the courtyard, the design and its vistas are seen in all their glory from the upper floors of the house. Two pavilions - a dovecote and a chapel - frame the near end of this garden, as if to link it to the manor house's courtyard.

Vu depuis le premier étage, le dessin et les perspectives apparaissent dans toute leur splendeur, encadrés par deux « pyramides » d'ifs.

Seen from the first floor, the design and vistas appear in their full splendour, framed by two so-called "pyramids" of yew.

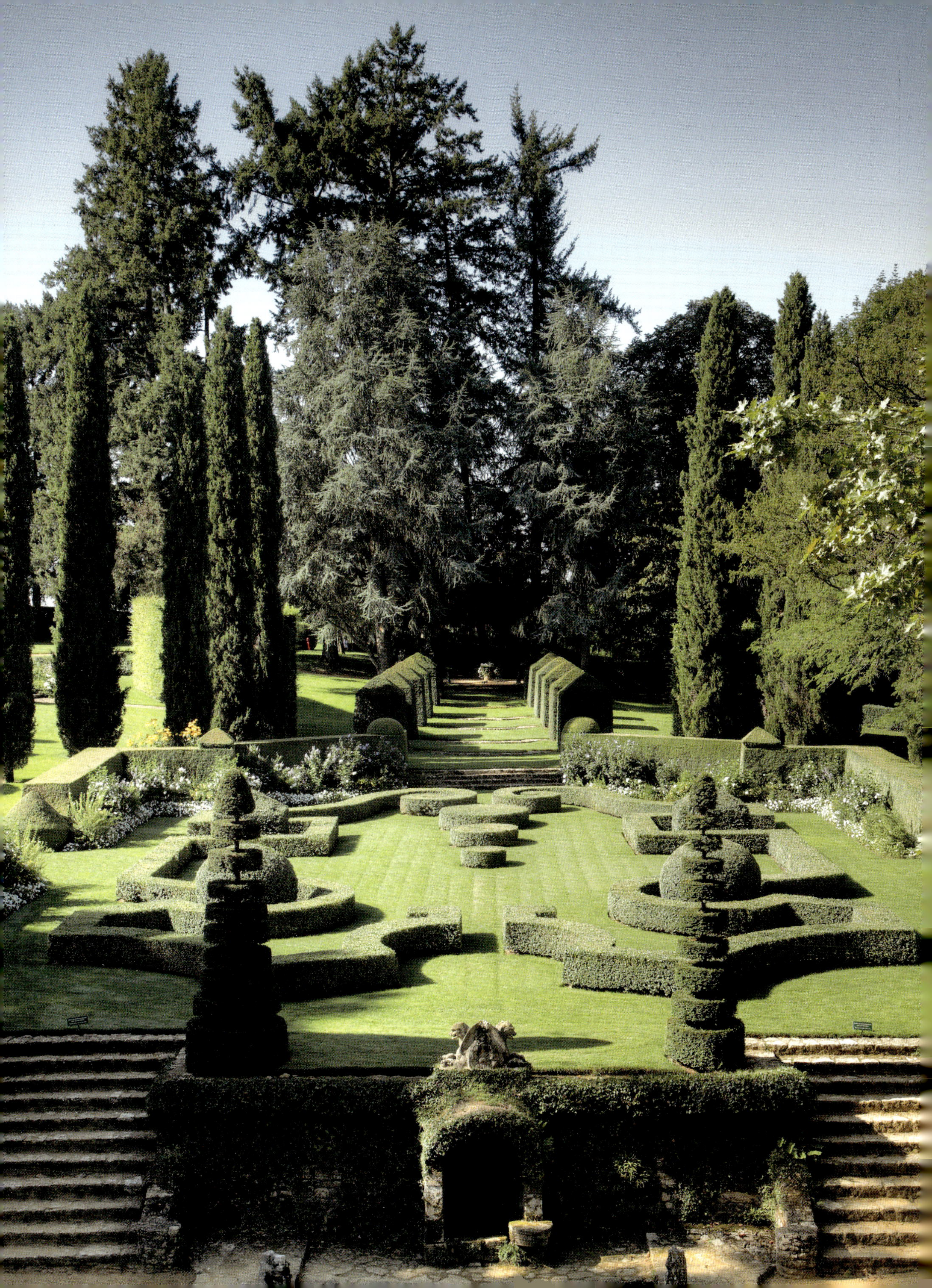

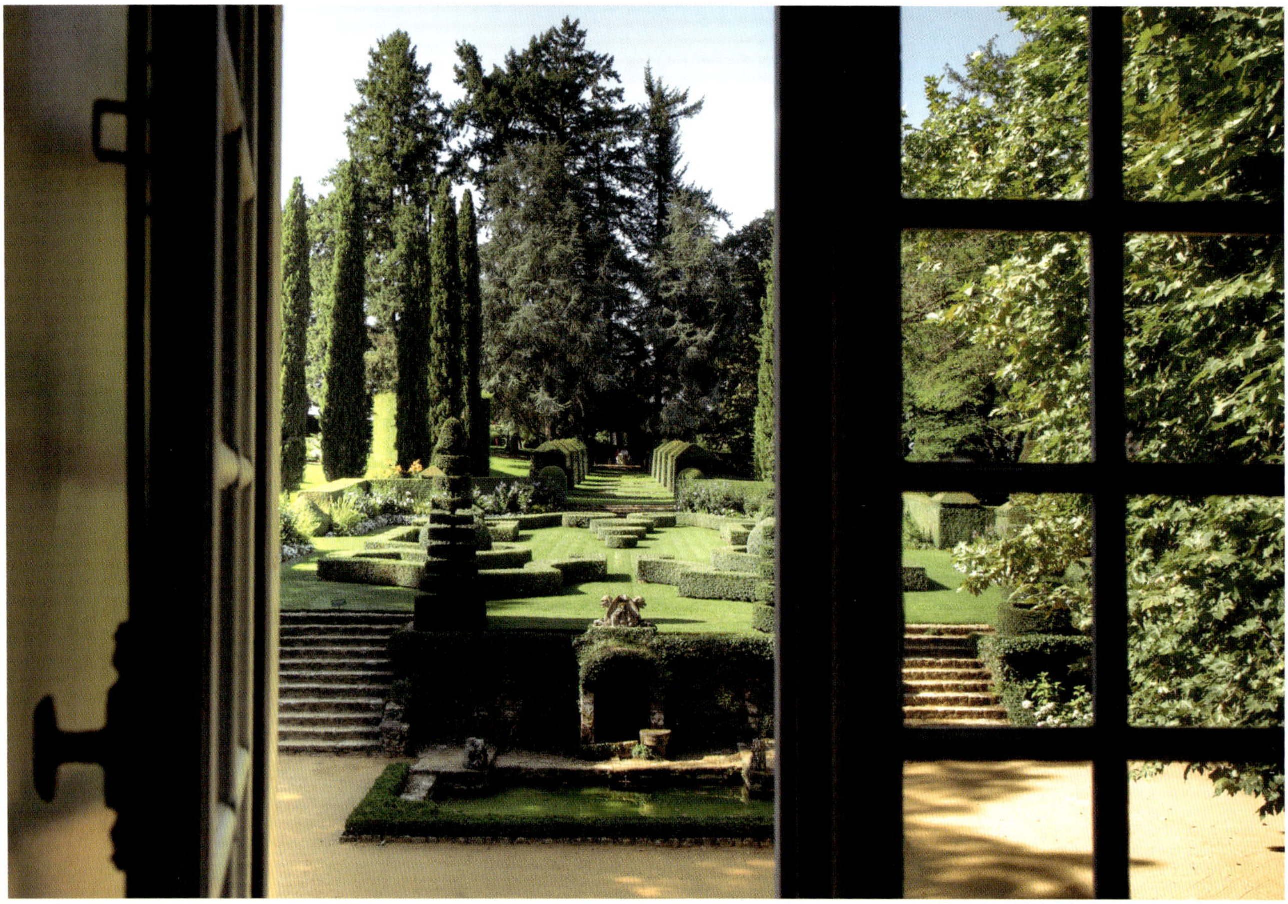

La fenêtre au-dessus de la porte d'entrée est juste dans l'axe de symétrie de la broderie de buis qui passe également par la fontaine de la cour.

The window above the entrance door lies exactly on the axis of symmetry of the box "embroidery"; the line also runs through the fountain in the courtyard.

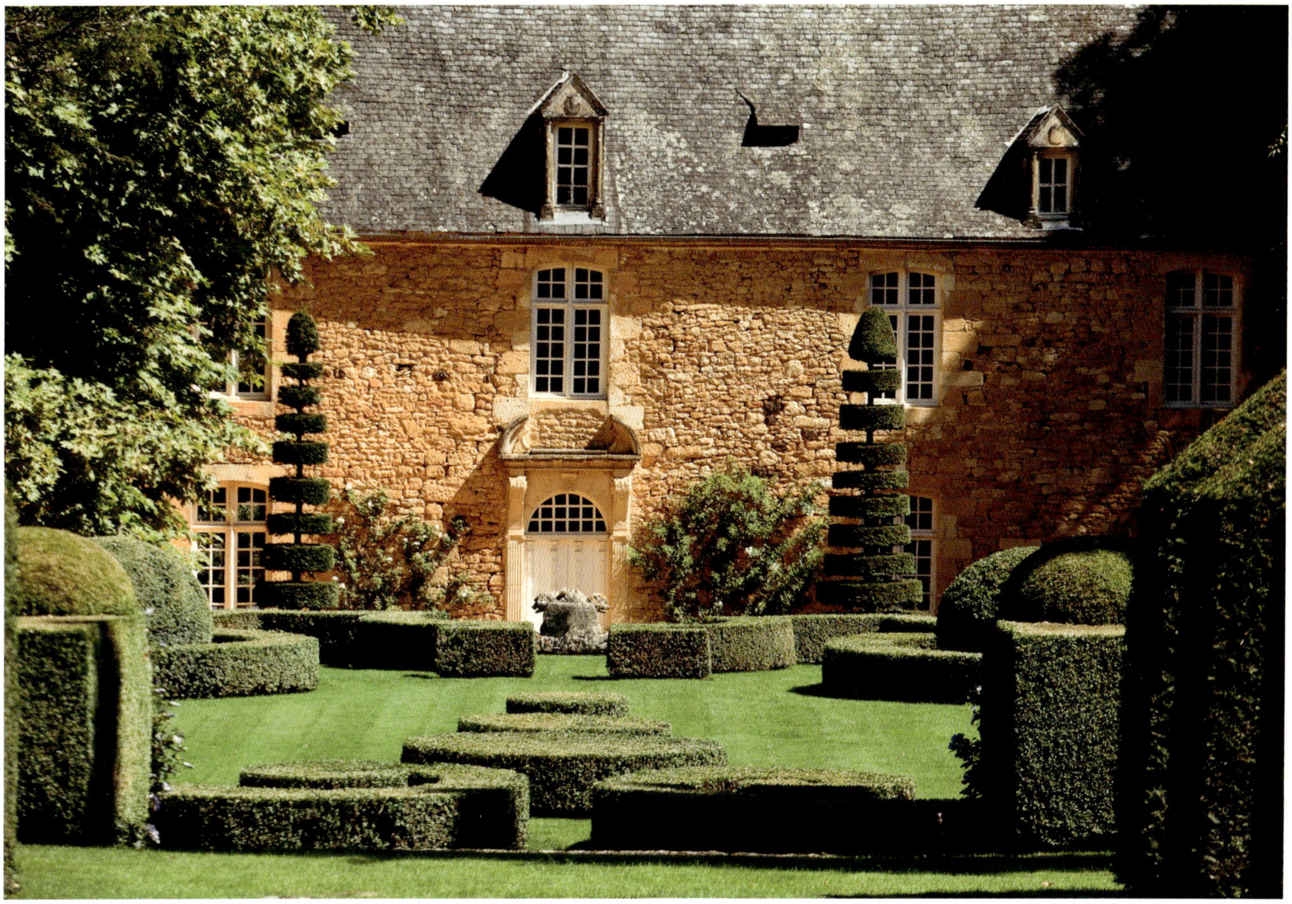

Contrechamps de la photo précédente, cette vue montre clairement que tout le dessin est axé sur la porte principale et la fenêtre du hall du premier étage. Quatre grands ifs taillés en plateaux rythment la base du jardin à la française, reprenant les distances entre les fenêtres sur la façade.

The view back towards the house clearly shows how the whole design is aligned on the main door and the hall window above it. Trimmed into flat discs, four large yews (of which only two are seen here), mark the edge of the French Garden, repeating the spacing of the windows.

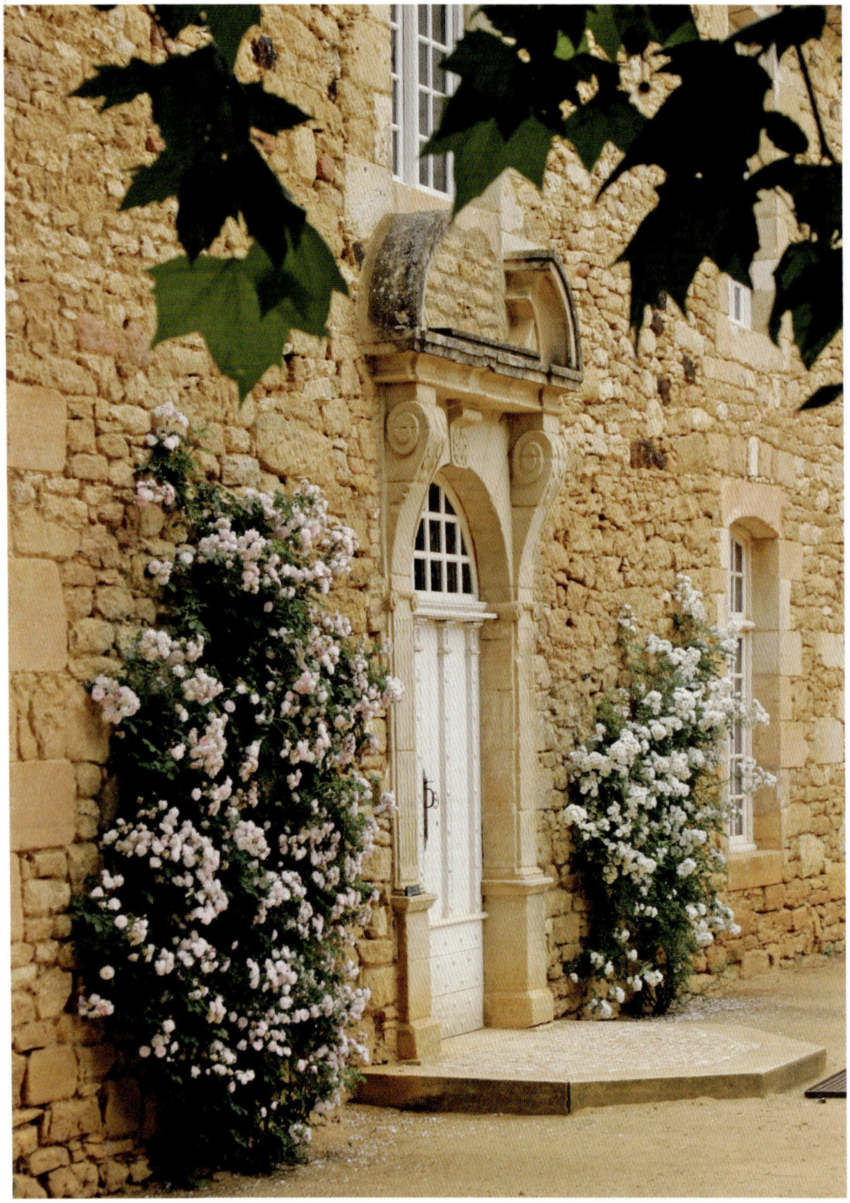

Un rosier blanc pur ('Guirlande d'Amour') et un autre rosé (probablement 'Blush Noisette') encadrent la porte d'entrée et apportent à la fois un peu de romantisme et de parfum. Ils fleurissent longtemps, à condition de leur ôter chaque jour les fleurs fanées.

A pure white rose ('Guirlande d'Amour') and a pink one (probably 'Noisette Carnée', syn. 'Blush Noisette') frame the main entrance, adding a touch of romanticism, as well as perfume. They have a long flowering period, so long as their faded flowers are removed daily.

À DROITE

Un pavillon marque chacun des deux angles et le changement de niveau entre la cour et le jardin à la française. Celui-ci est une chapelle familiale où sont célébrés tous les événements familiaux. Pour faire le lien avec le tapis vert, les murs sont couverts de lierre, taillé lui aussi deux fois par an pour rester bien net.

RIGHT

At both corners, a pavilion marks the change of level between the courtyard and the French Garden. This one is a family chapel where all the special family occasions are celebrated. As a link with the lawn, the walls are covered in ivy; it, too, is trimmed twice a year to keep it tidy.

DOUBLE-PAGE SUIVANTE

Cette vue aérienne permet de bien comprendre l'ordonnancement des différents axes qui rejoignent le manoir et le jardin à la française.

NEXT DOUBLE-PAGE SPREAD

This aerial view makes clear the layout and alignment of the different vistas linking the manor-house and the French Garden.

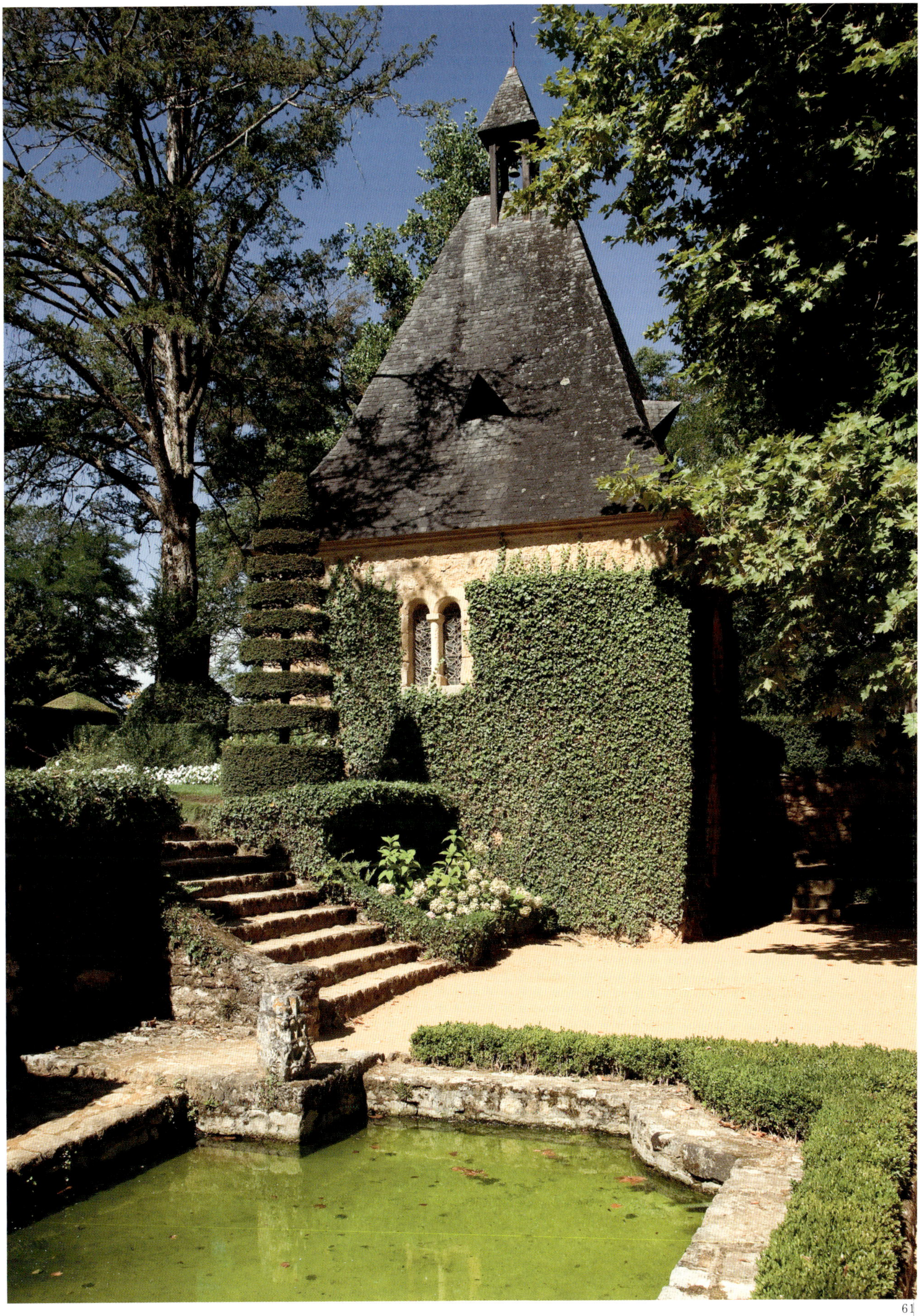

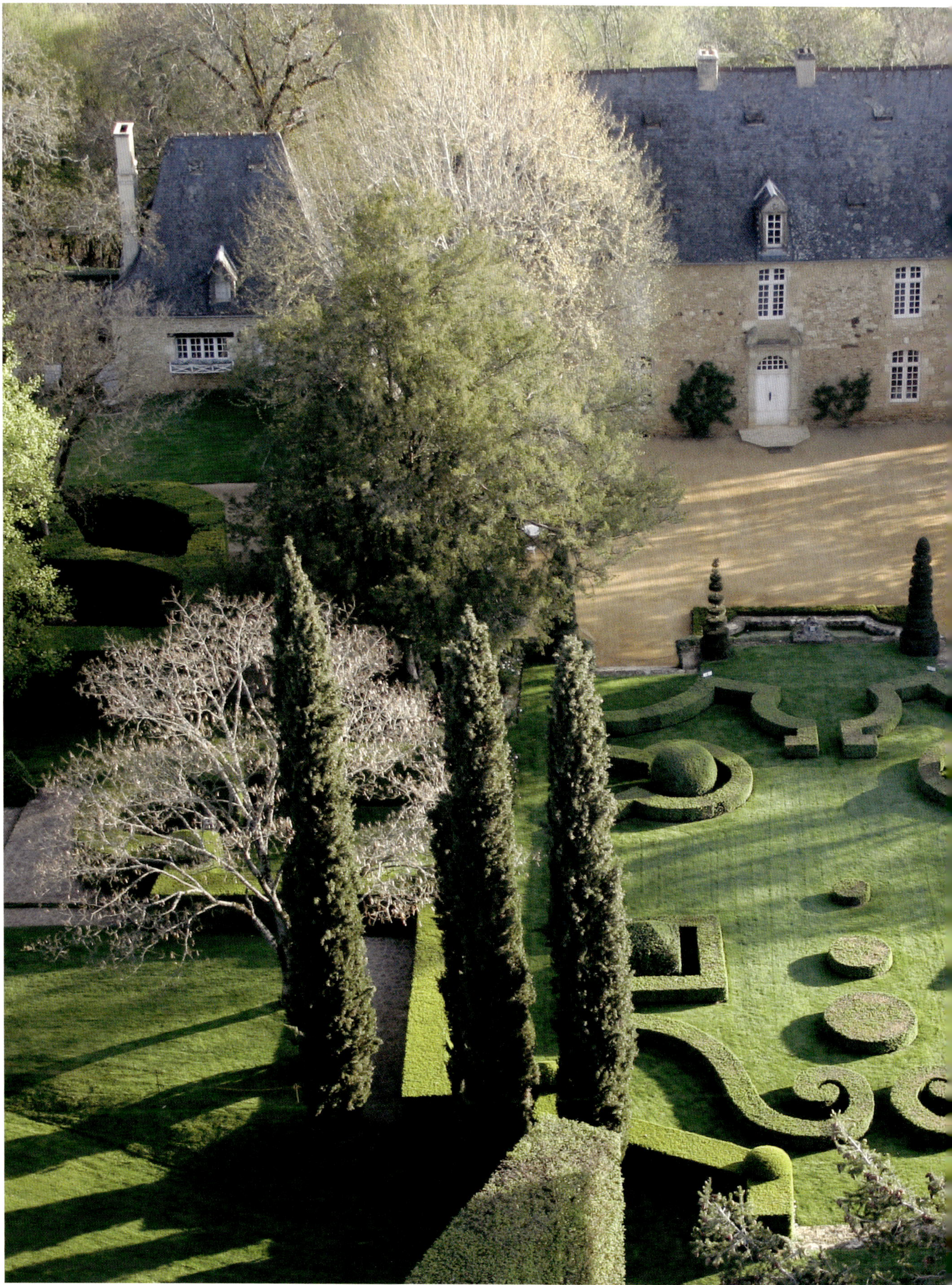

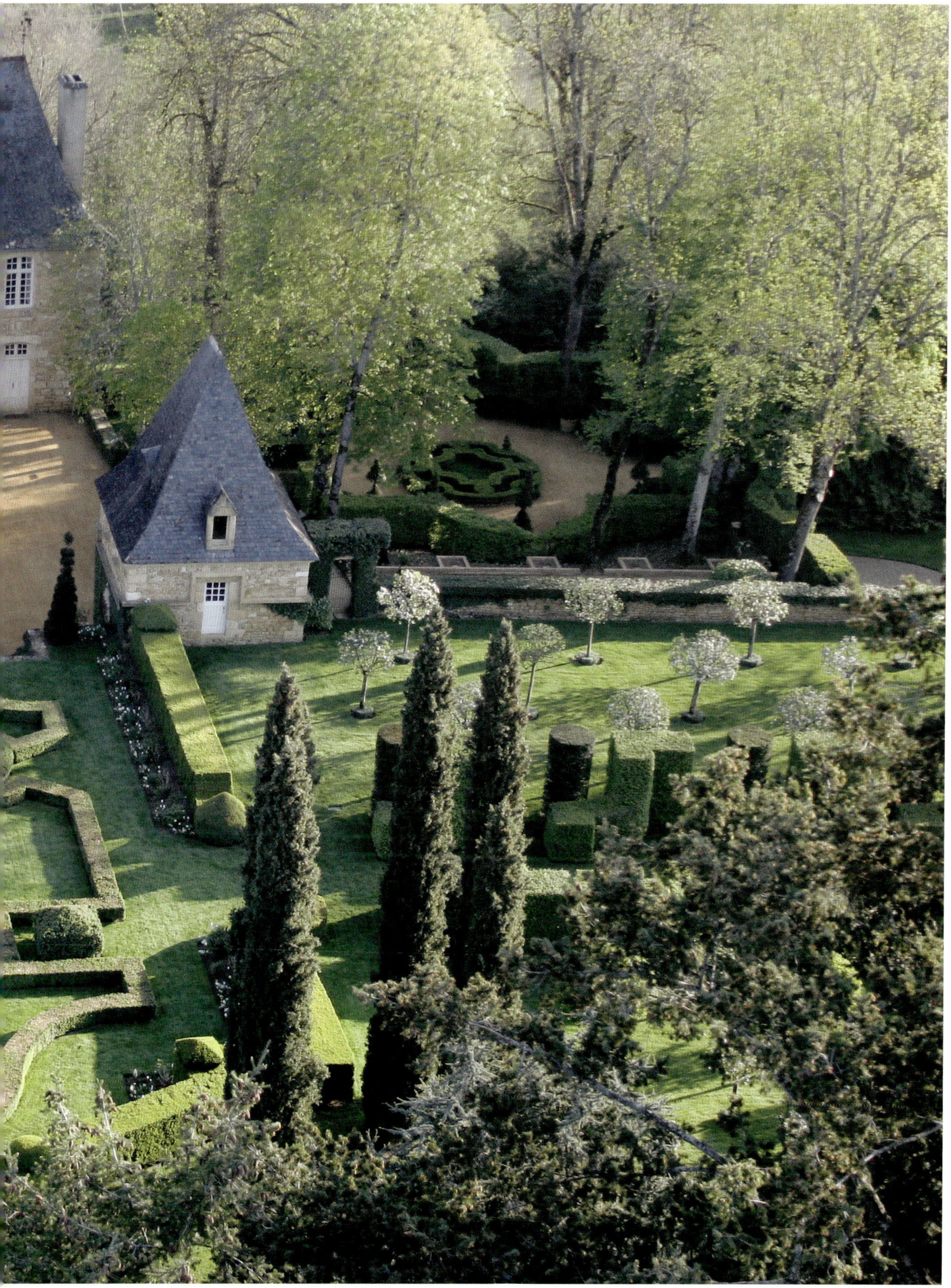

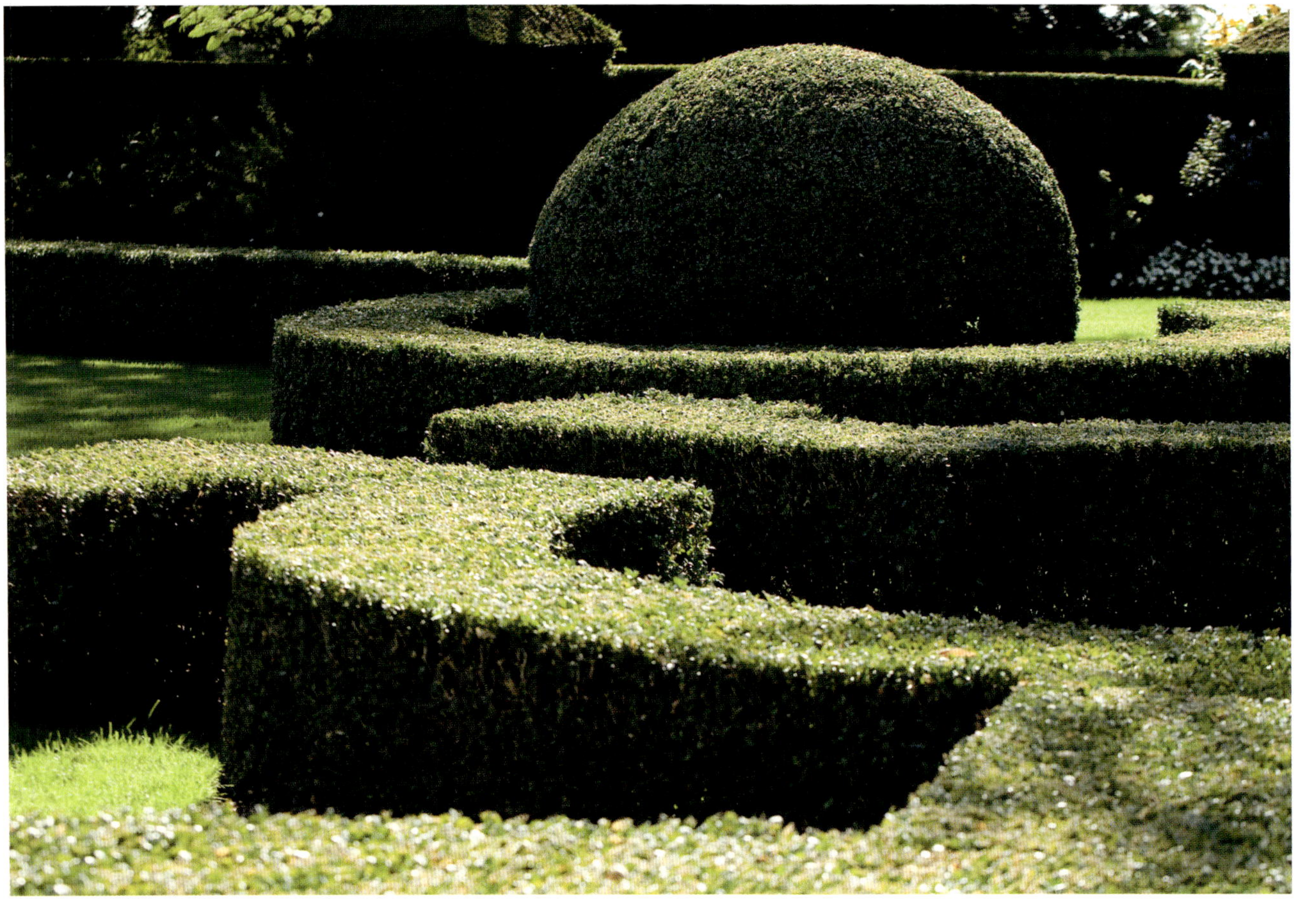

Les variations de lumière en fonction des points de vue font vivre les broderies de buis en changeant leurs teintes. Au pied des haies qui entourent ce jardin, quelques fleurs viennent colorer le vert uniforme. Leur gamme de coloris est réduite au blanc, bleu et jaune.

The changing light, when seen from different points of view, enlivens the box "embroideries" by altering their tones. Set against the hedges surrounding this garden, flower beds bring a splash of colour to the uniform green. Their colour range is limited to white, blue and yellow.

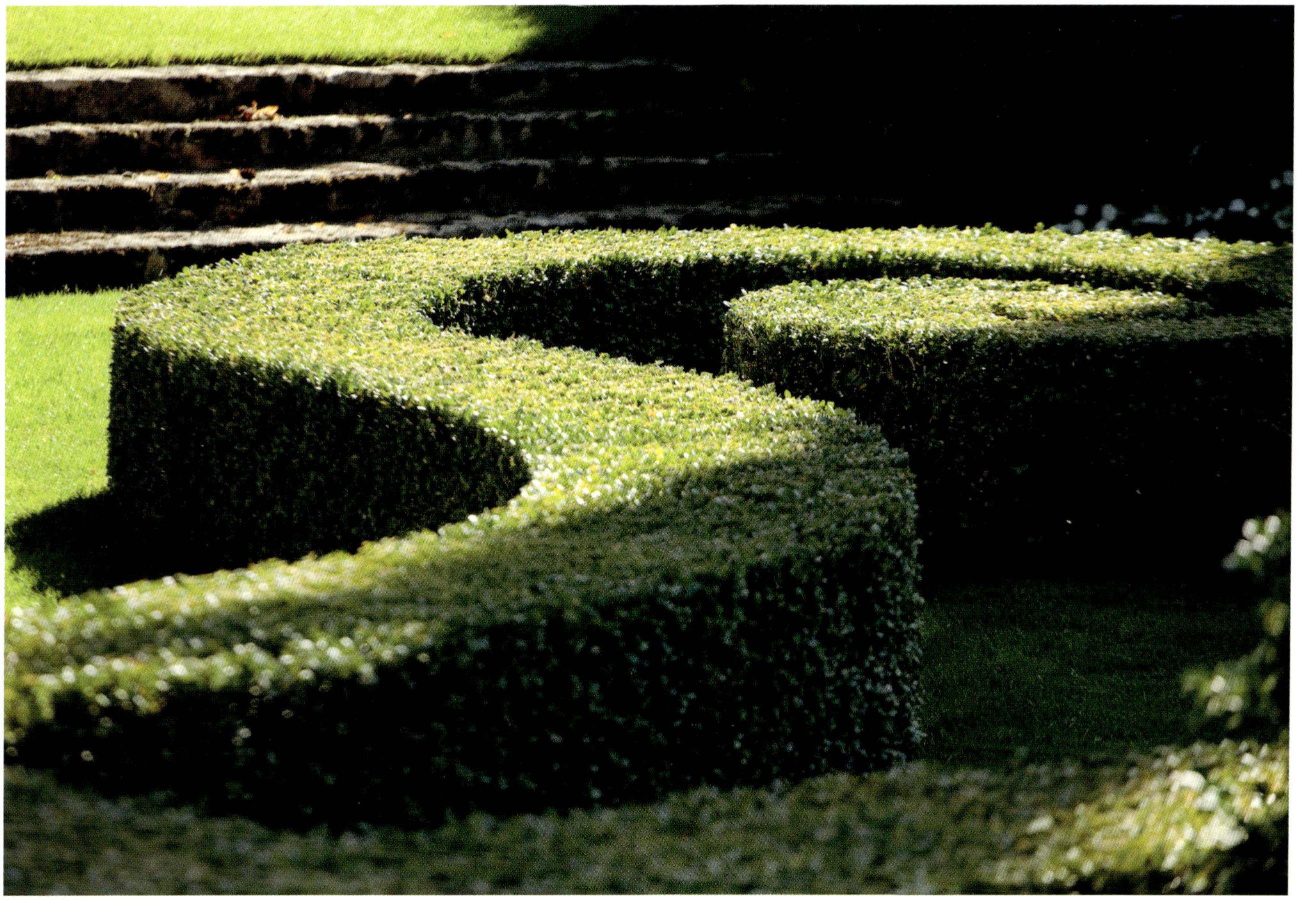

La netteté des haies de buis ne s'obtient qu'à la condition de les tailler deux fois par an, quelquefois trois. Si vous observez bien, vous noterez que la base des haies est légèrement plus large que le sommet, afin qu'elles restent parfaitement denses jusqu'au sol.

The precision of the box hedges depends on their being clipped twice, or sometimes three times, a year. If you look closely you will see that the base of the hedges is slightly wider than the top, so that they remain evenly dense right down to the ground.

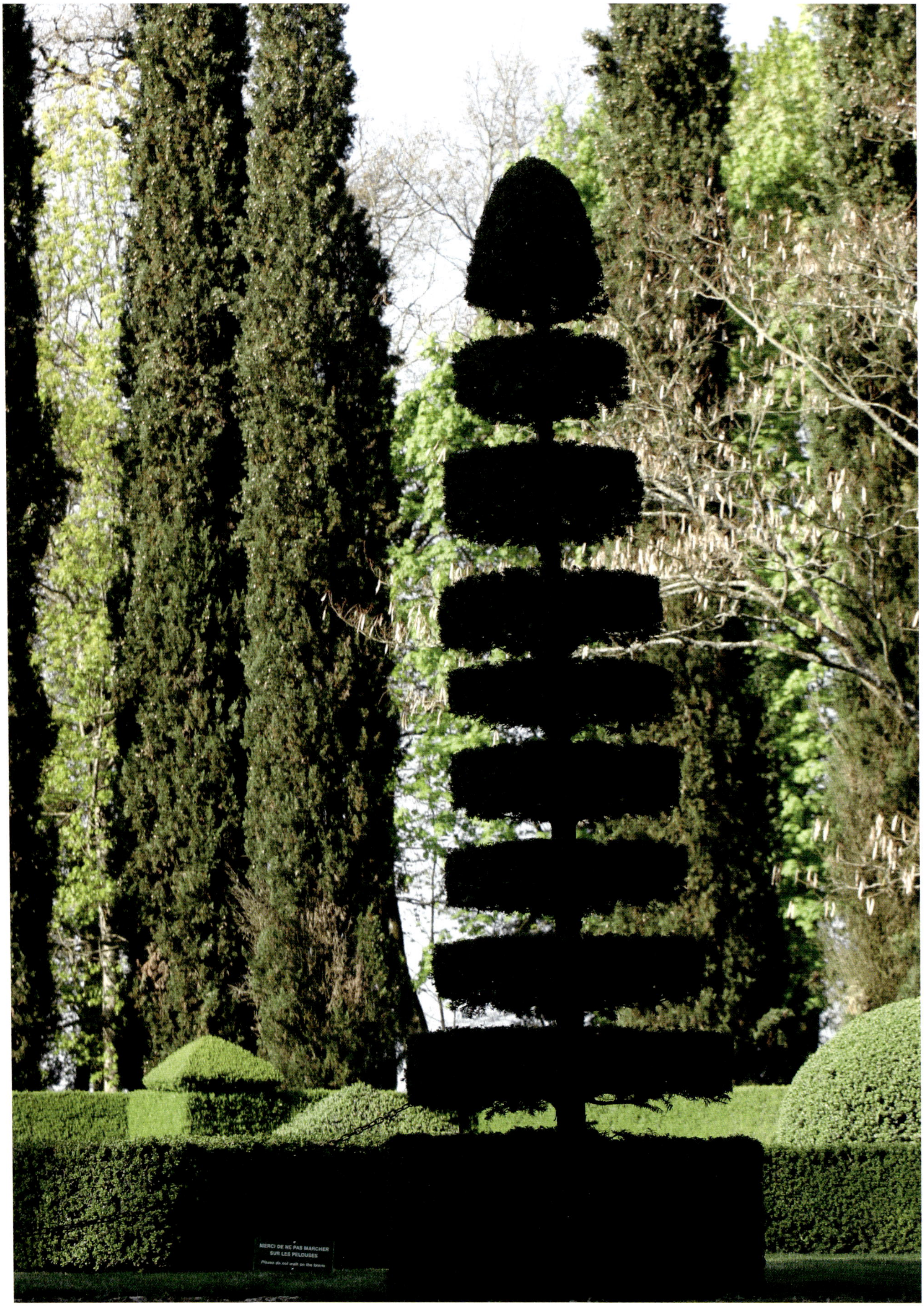
MERCI DE NE PAS MARCHER
SUR LES PELOUSES

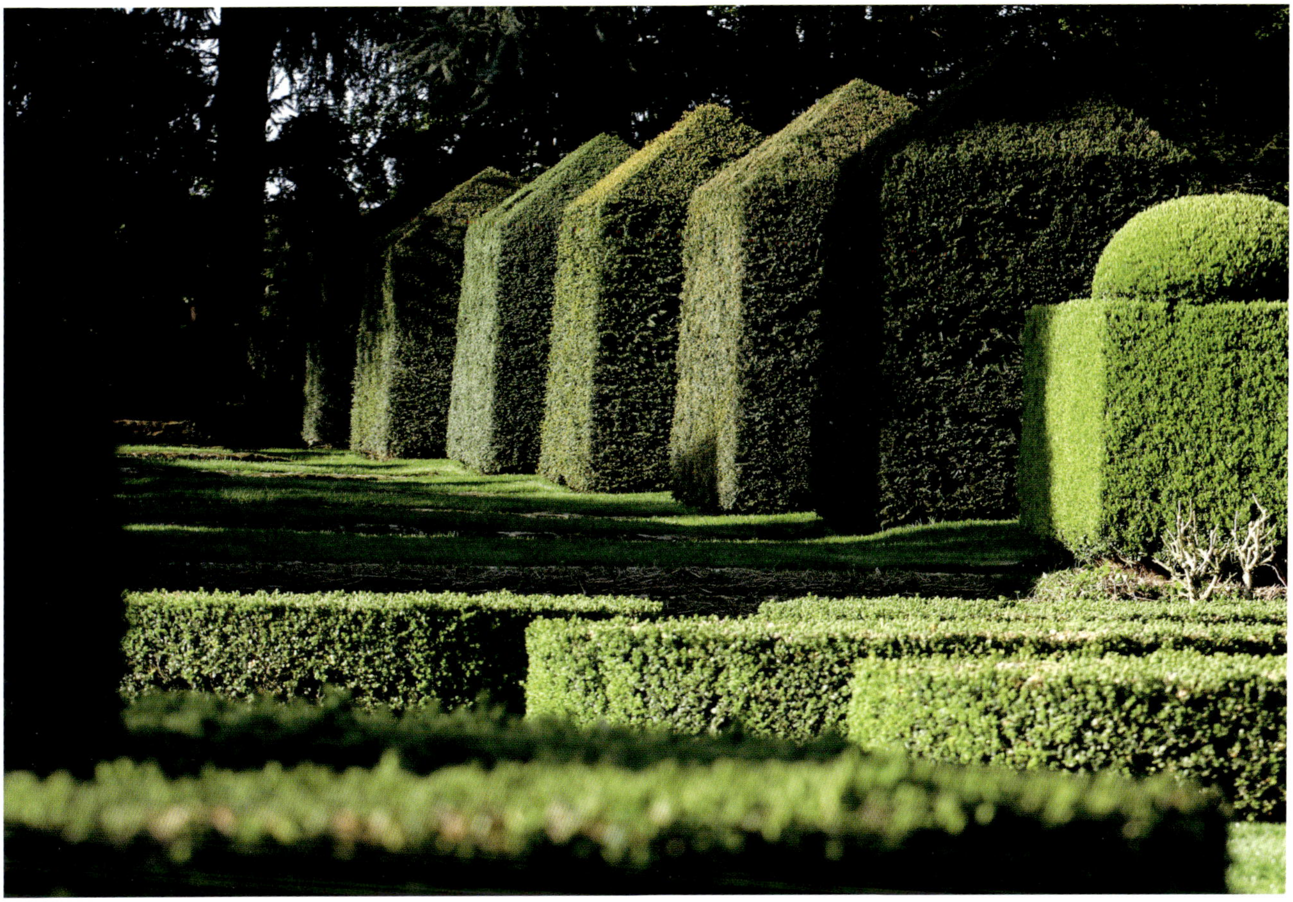

CI-DESSUS ET DOUBLE-PAGE SUIVANTE

Les blocs d'ifs taillés dessinent une perspective en trompe-l'œil. Celle-ci paraît plus longue qu'elle n'est en réalité, grâce à la réduction progressive de la largeur de l'allée, de la taille des blocs, comme celle de l'espace entre ces derniers.

ABOVE AND NEXT DOUBLE-PAGE SPREAD

The clipped blocks of yew create a trompe-l'œil perspective. The avenue appears longer than it really is, thanks to a gradual reduction of its width, as well as in the height of the blocks and of the spaces in between them.

Les grands cyprès de Provence sont placés de manière à donner de l'élan au parterre et à accentuer la perspective en l'encadrant. Vus depuis la cour, ils se superposent et contrastent avec les ifs taillés en plateaux.

The tall Mediterranean cypresses are positioned to give a visual lift to the parterre and accentuate the vista while framing it. Seen from the courtyard, they contrast with the yew topiary columns in the foreground.

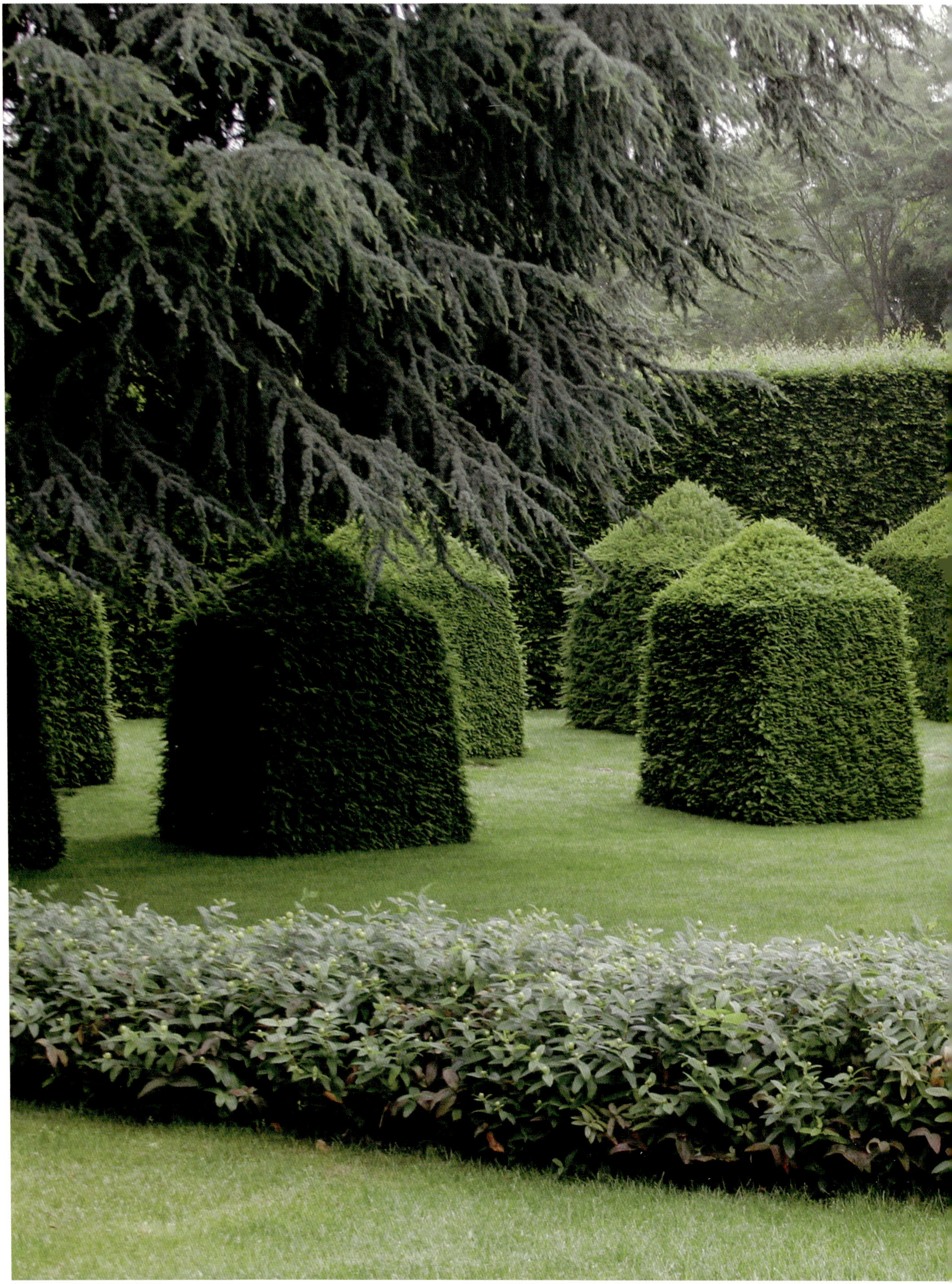

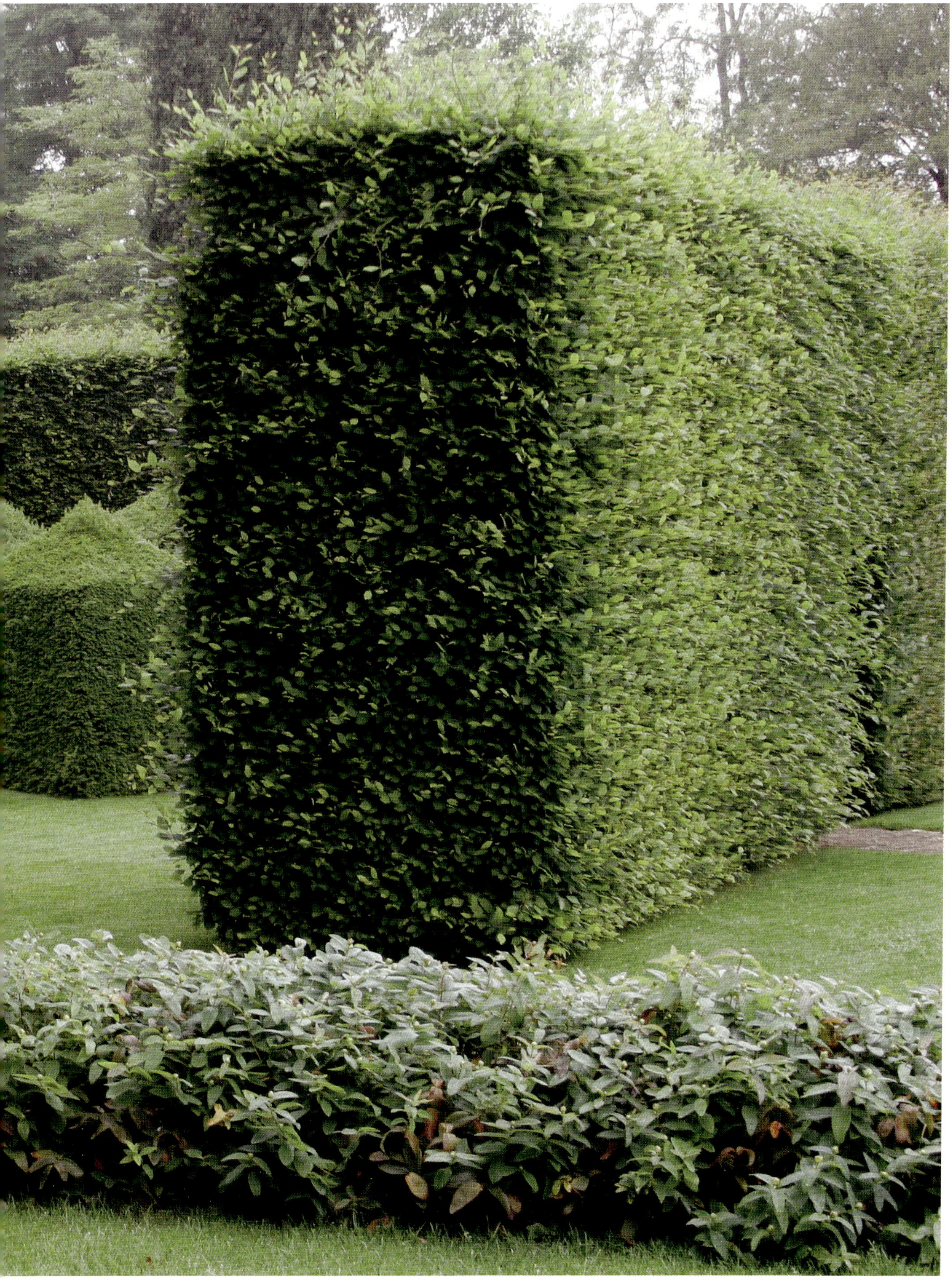

→ LE VIVIER

Le miroir d'eau, d'inspiration « romantique », mesure 40 m de long. L'eau y est constamment renouvelée par l'une des sept sources du jardin. Autrefois, il servait de vivier, mais surtout d'abreuvoir pour le bétail et les chevaux de la ferme. Il est aujourd'hui bordé de poteries florentines garnies de buis.

THE FISHPOND

Romantic in inspiration, the ornamental pond is 40m (43.7yds) long. The water is constantly replenished by one of the garden's seven springs. Formerly, it served as a fishpond, but was mainly a watering-place for horses and the rest of the farm's livestock. Today it is edged by Florentine pots planted with box.

Le grand miroir d'eau reflète le ciel ainsi que les volumes et les rythmes des plantations alentours. Il ajoute une dimension supplémentaire aux jeux de topiaires.

The large ornamental pond reflects the sky as well as the volumes and rhythms of the plantings around it. It adds an extra dimension to the interplay of the topiary shapes.

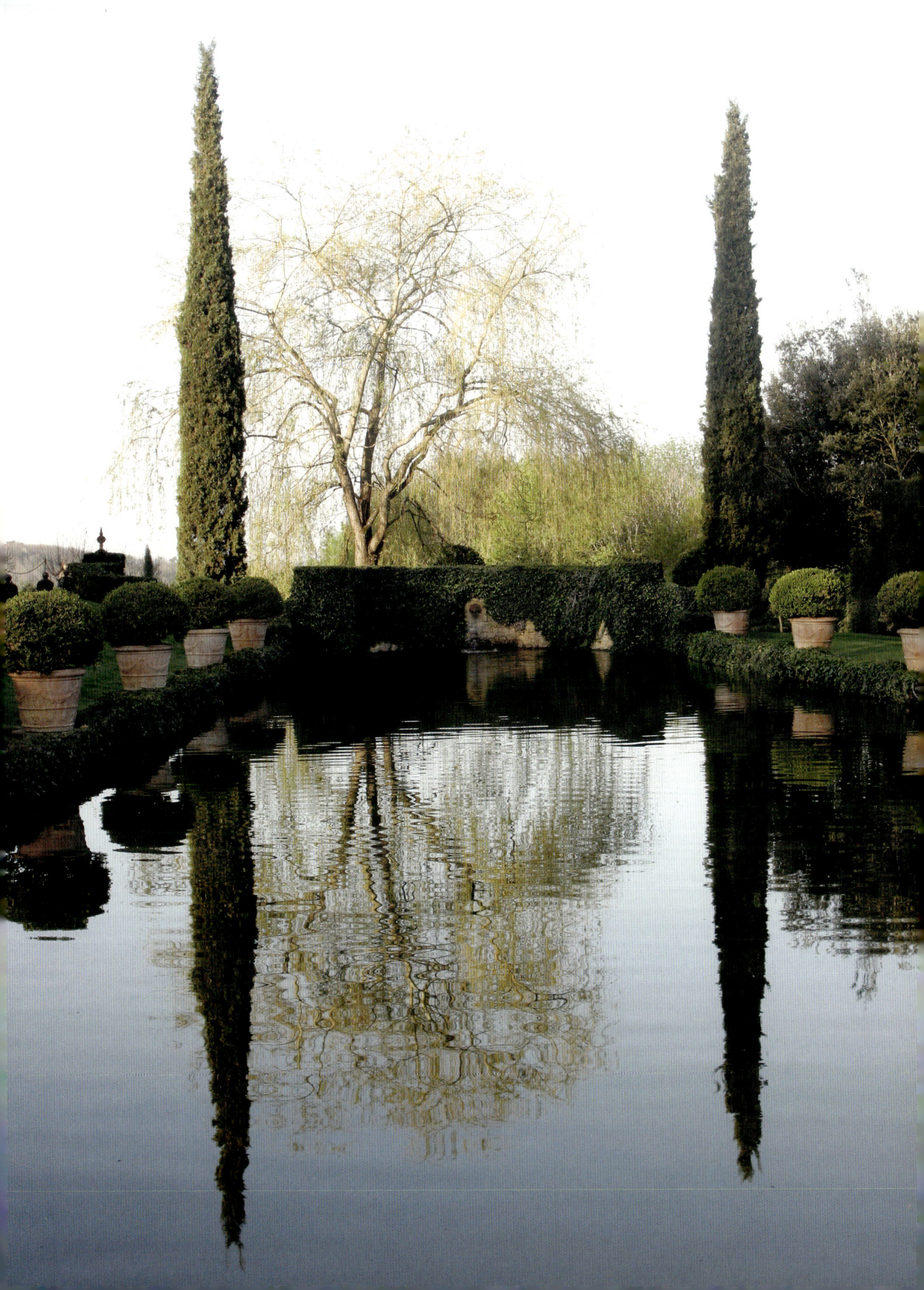

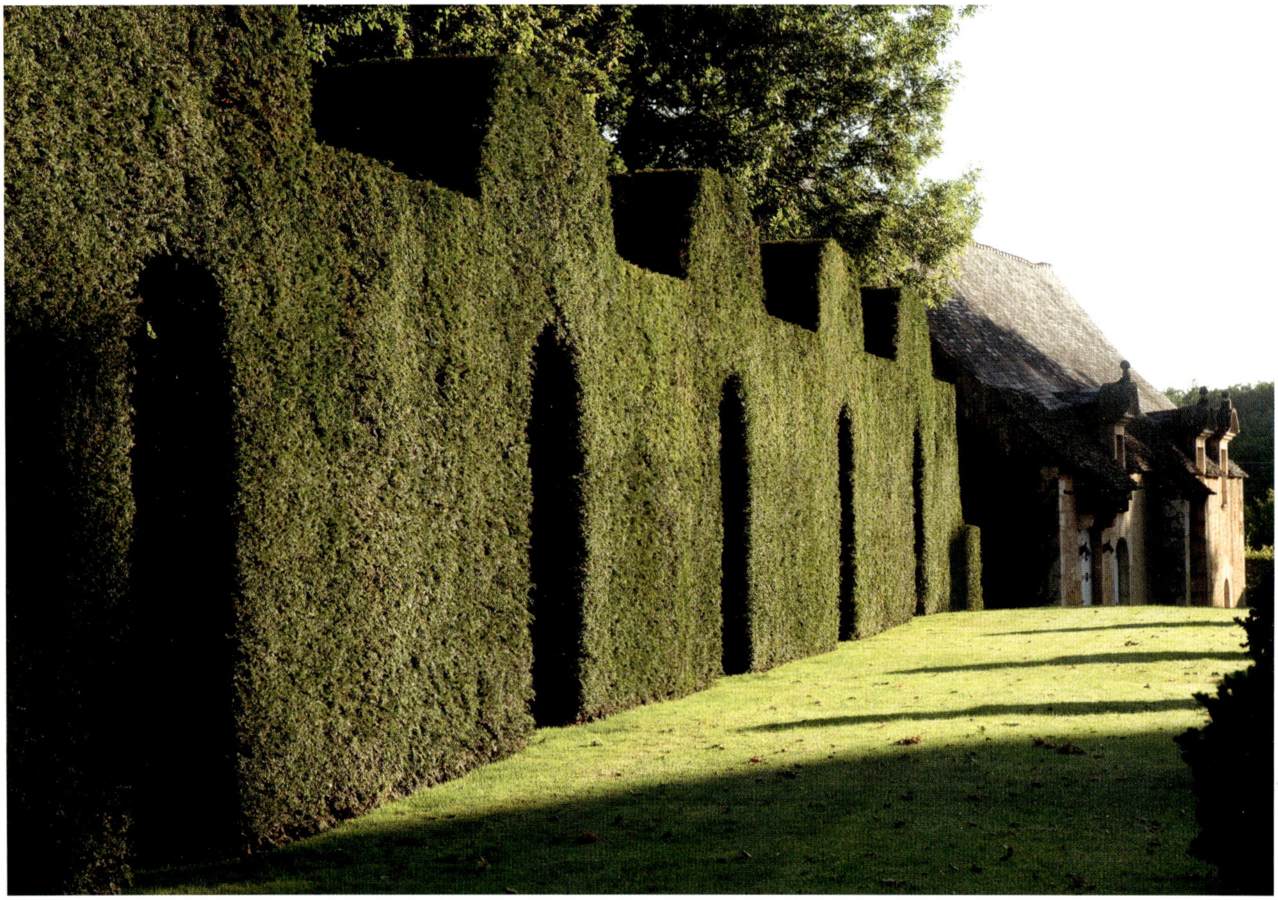

Une épaisse haie d'ifs forme un long mur qui prolonge celui des communs. Les portes permettent à la fois d'alléger et de rythmer ce mur, tout en autorisant l'accès aux champs situés en contrebas.

A thick yew hedge forms a long wall, continuing the line of the outbuildings. The arches punctuate this wall while making it less heavy in appearance, as well as giving access to the fields behind it.

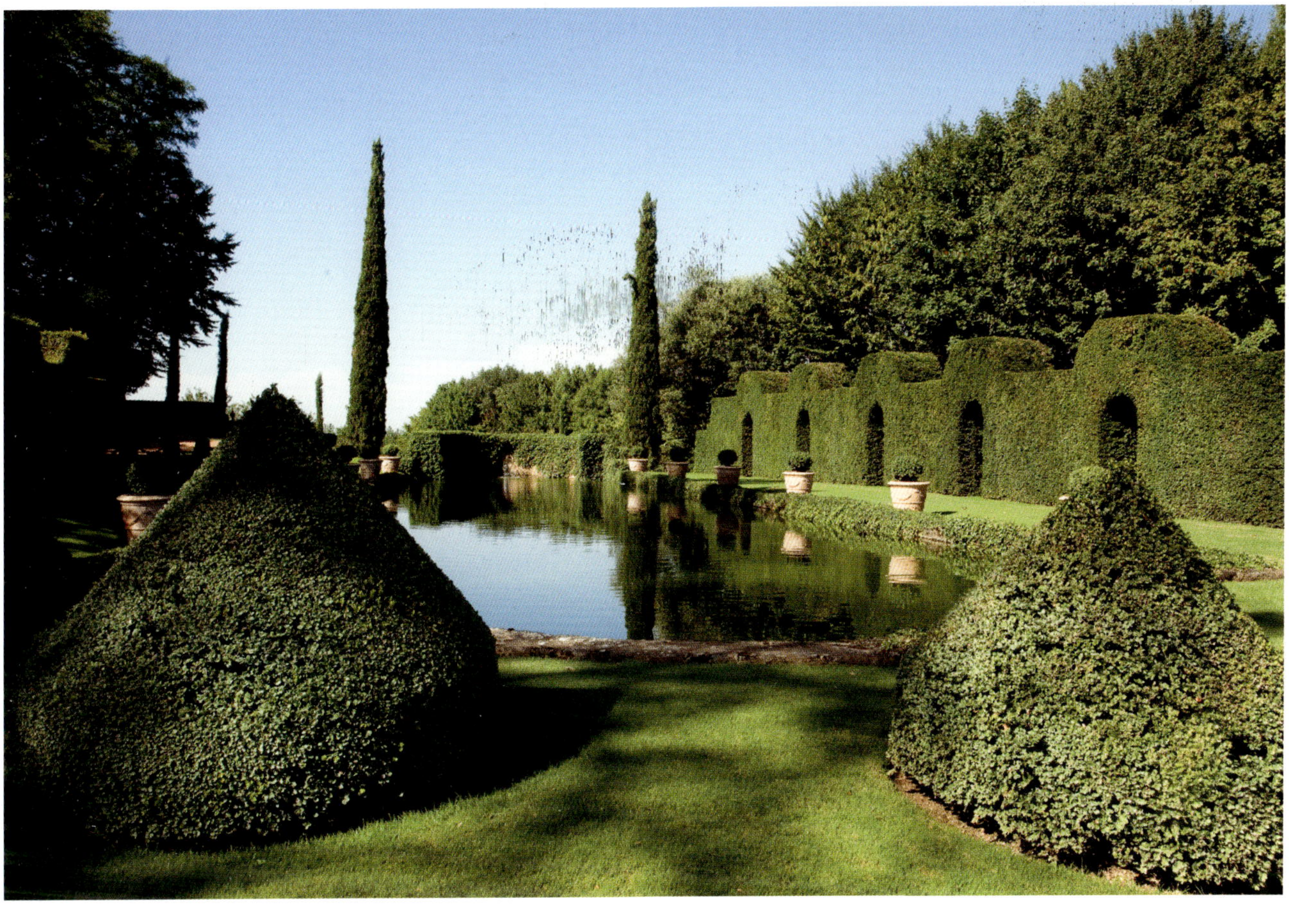

Cinq larges cônes de buis marquent les bords du bassin côté cour des communs, et font écho à deux cyprès de Provence (*Cupressus sempervirens* 'Stricta') plantés à l'autre extrémité du bassin.

Five large box cones mark the pool's edges at its end nearest to the outbuildings, echoing the Mediterranean cypresses (*Cupressus sempervirens* 'Stricta Group') planted at the other end.

DOUBLE-PAGE SUIVANTE

L'hiver, l'effet de miroir est encore plus saisissant. Les poteries doivent être protégées du froid, pour ne pas qu'elles éclatent mais aussi pour éviter que les racines des buis ne gèlent.

NEXT DOUBLE-PAGE SPREAD

In winter, the mirror-like effect is even more striking. The pots have to be protected from the cold so that they do not crack, as well as to prevent the box's roots from freezing.

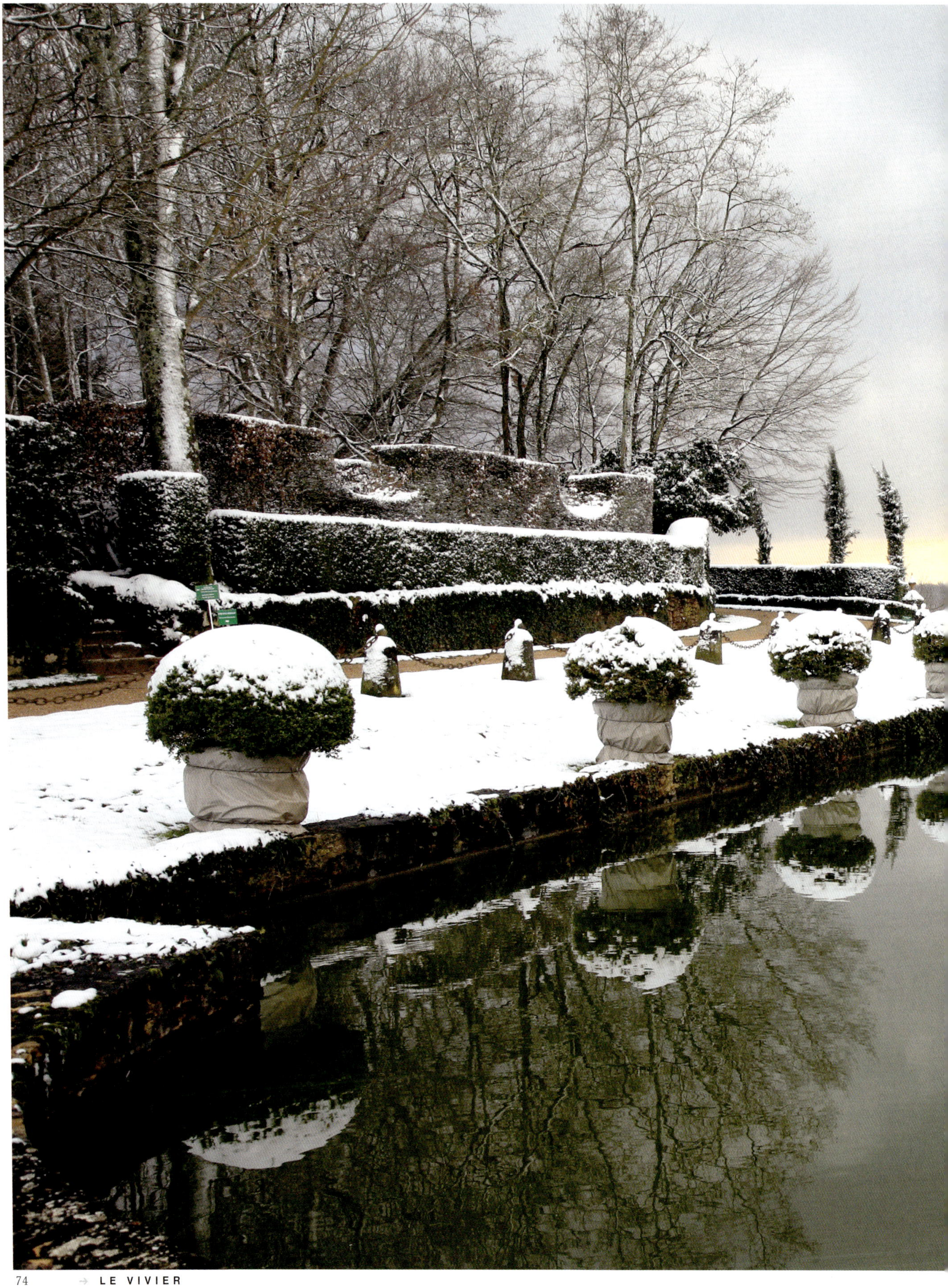

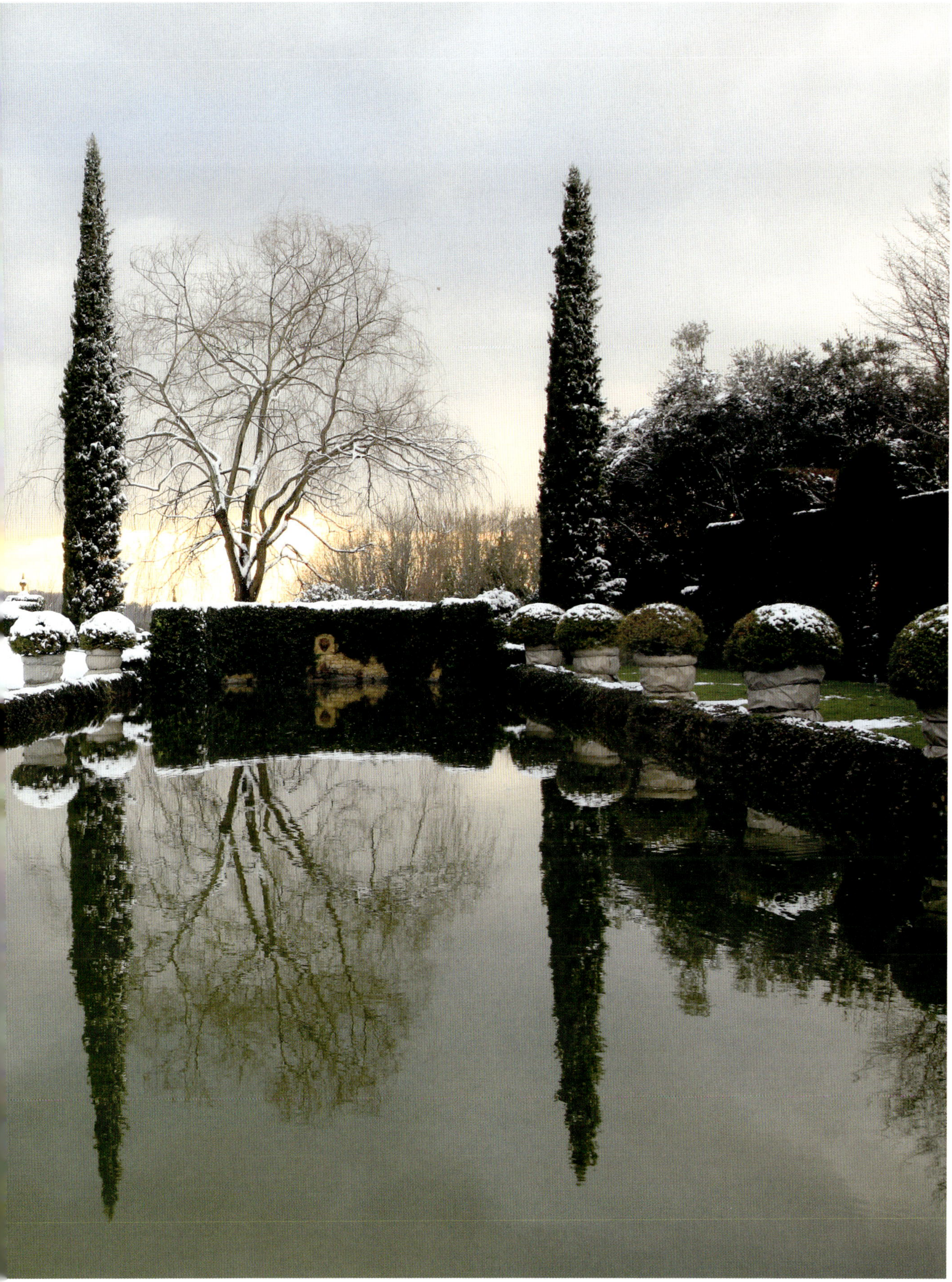

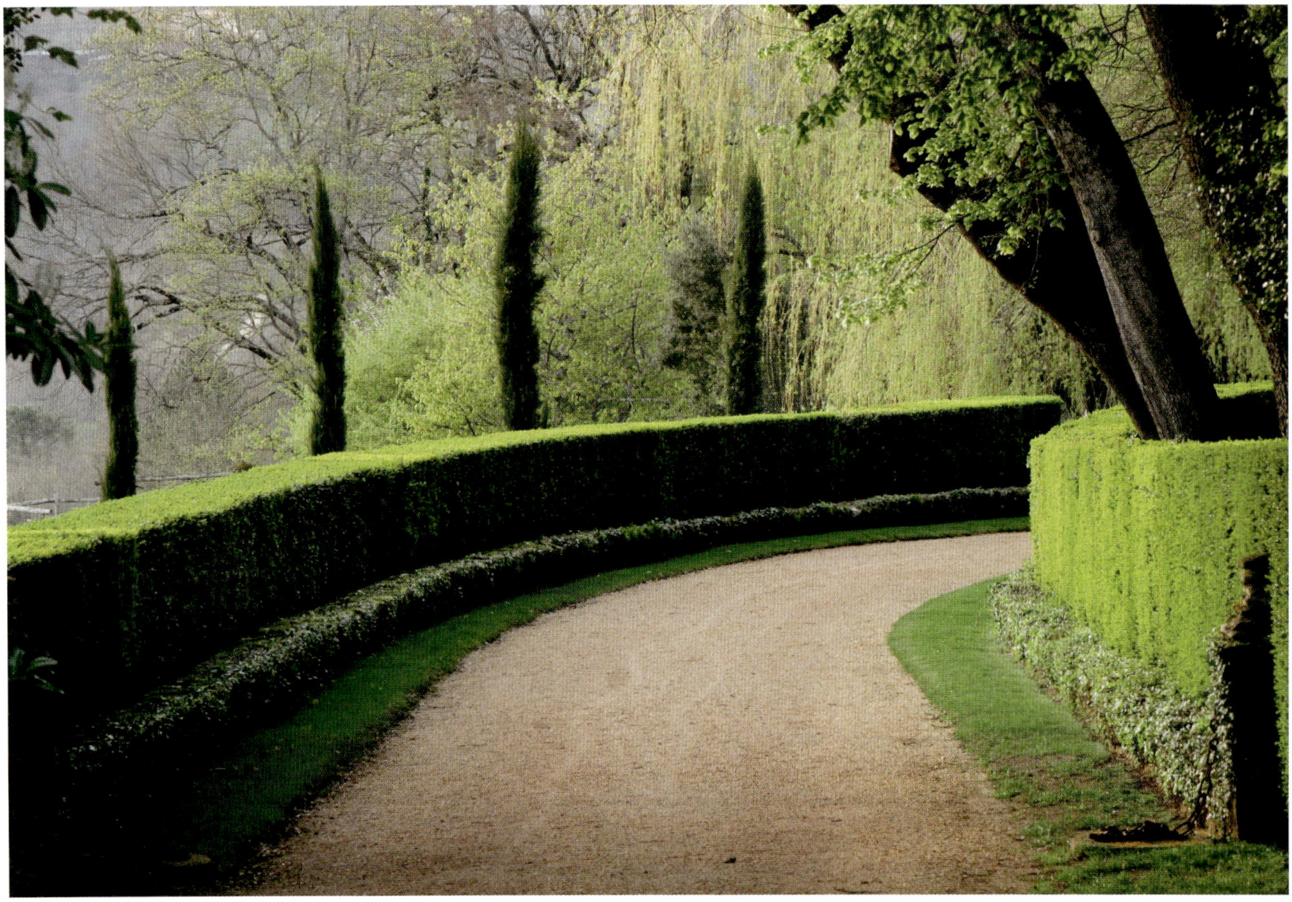

Au-delà du vivier, le chemin contourne le jardin à la française en surplombant un magnifique panorama. Pour cadrer celui-ci et permettre de mieux l'appréhender, nous avons disposé des cyprès à intervalles réguliers.

Beyond the fishpond, the track runs around the French Garden while overlooking a magnificent panorama. We have planted cypresses at regular intervals to frame the view and enhance our appreciation of it.

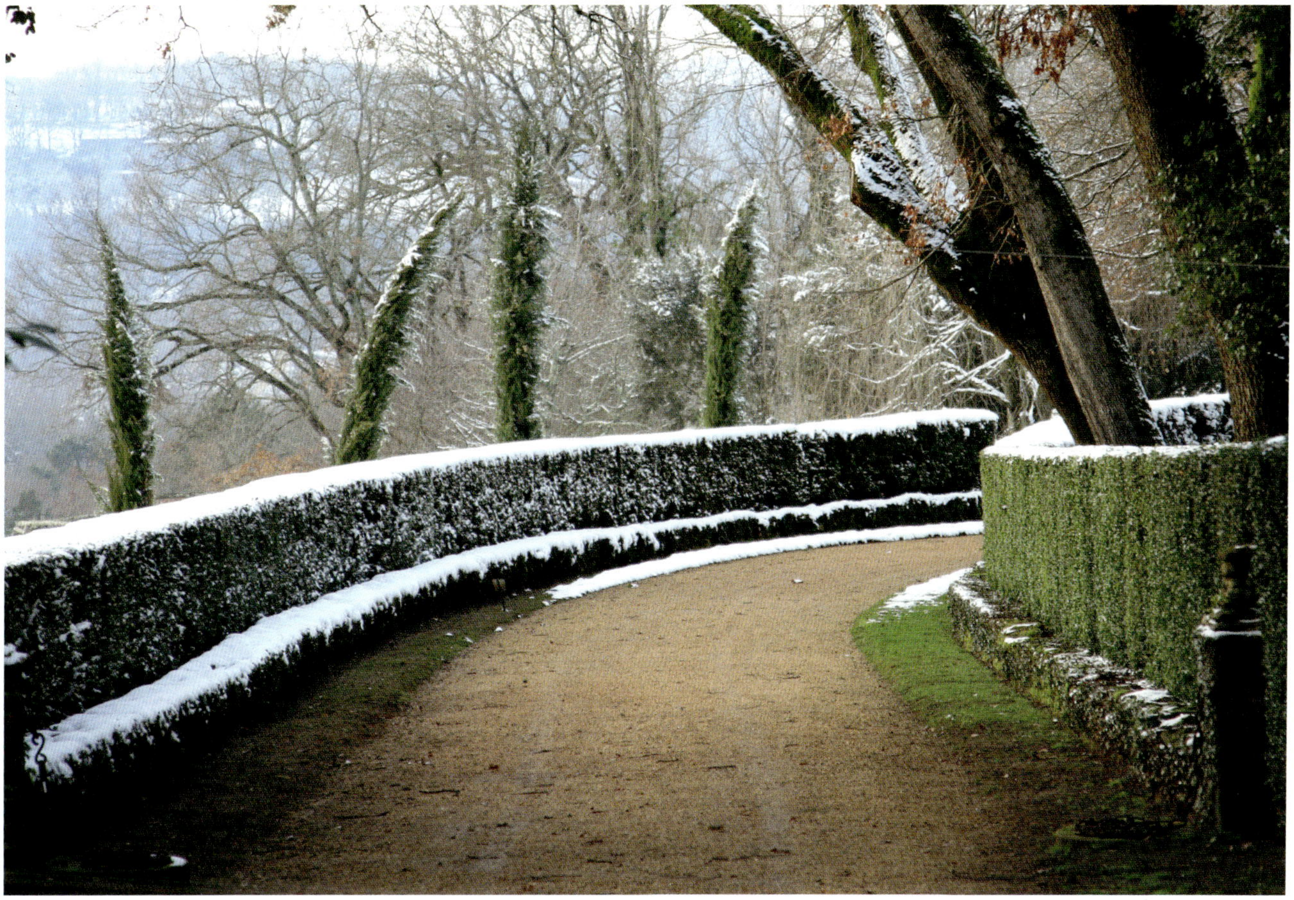

L'hiver, la neige accentue le dessin et le contraste entre les haies taillées, les formes verticales des cyprès, et celle plus diffuse des arbres. Hélas, la neige déforme aussi les cyprès qu'il faut secouer et redresser au plus vite.

In winter, snow accentuates the design, contrasting with the clipped hedges, the vertical shapes of the cypresses, and the more diffuse forms of the trees. Unfortunately, snow also deforms the cypresses; they must be rescued and straightened up again as soon as possible.

→ LE JARDIN BLANC

Cette partie, de création récente, s'inscrit dans la continuité du jardin par son tracé et sa rigueur géométrique, mais elle contraste avec celui-ci par la présence de fleurs. C'est un jardin plutôt secret, qui ne se voit pas depuis le niveau principal. Un portail rouge, inspiré des torii japonais, attire l'œil et l'invite à venir découvrir ce jardin « surprise ».

THE WHITE GARDEN

This recently created area is in keeping with the rest of the garden, in its layout and geometric rigour, but its use of flowers is a contrast. It is a rather secret garden, unseen from the main level. A red gateway, inspired by Japanese *torii*, draws the eye and is an invitation to discover this "surprise" garden.

Insolite face au paysage périgourdin, ce portail d'inspiration japonaise ouvre sur un espace-surprise.

Set against the Perigord countryside, this unexpected Japanese-style doorway opens onto a surprise garden.

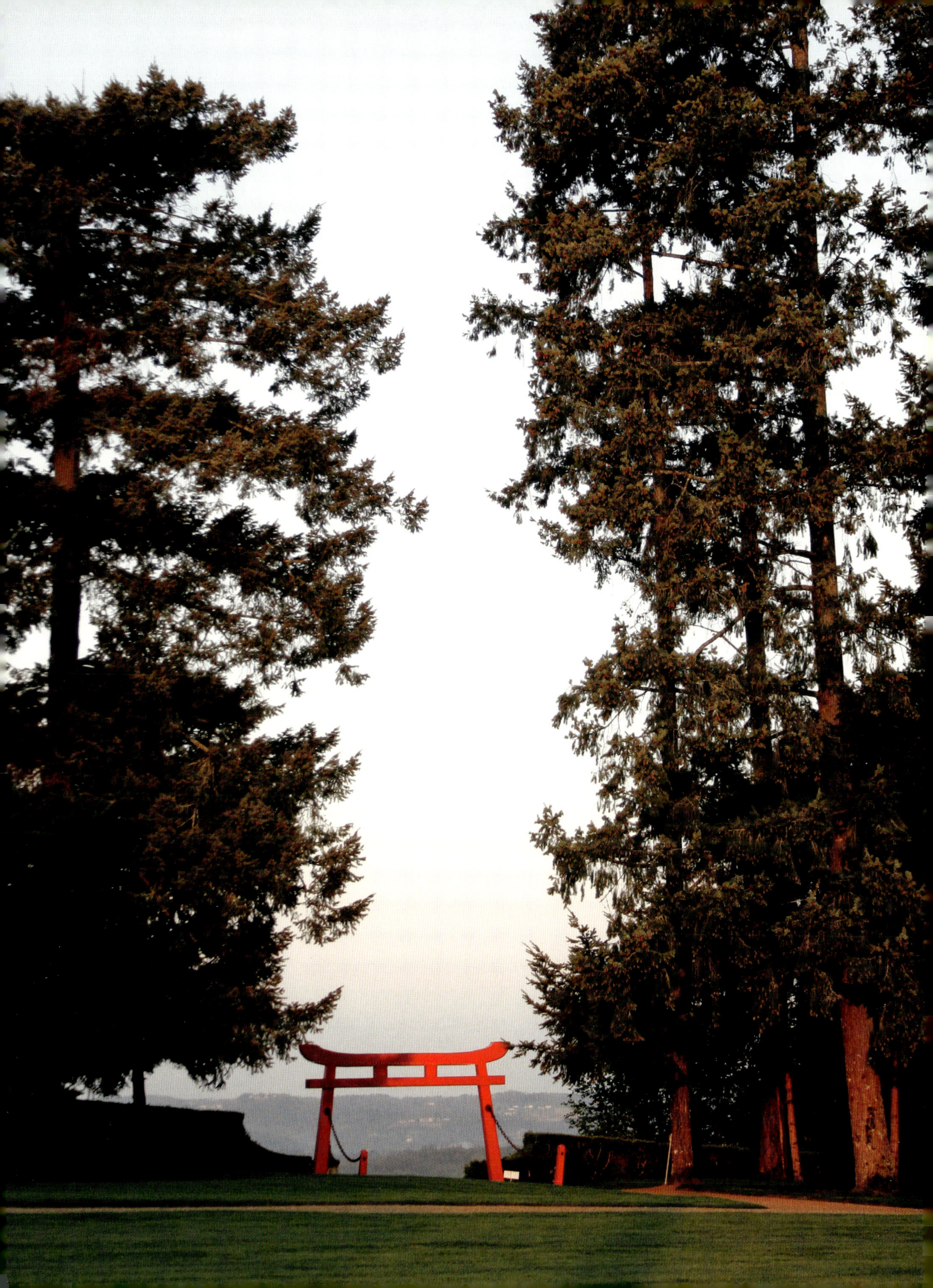

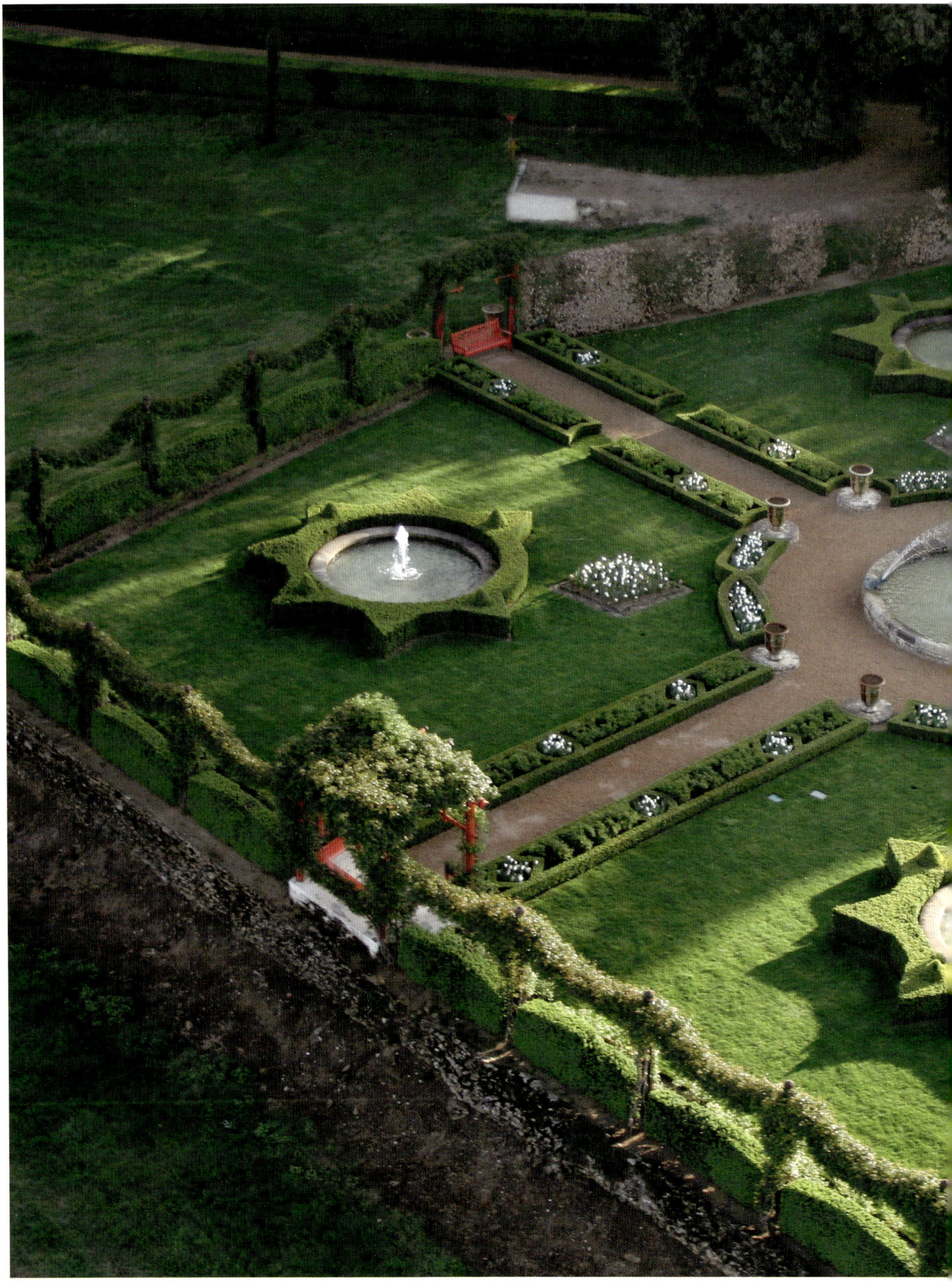

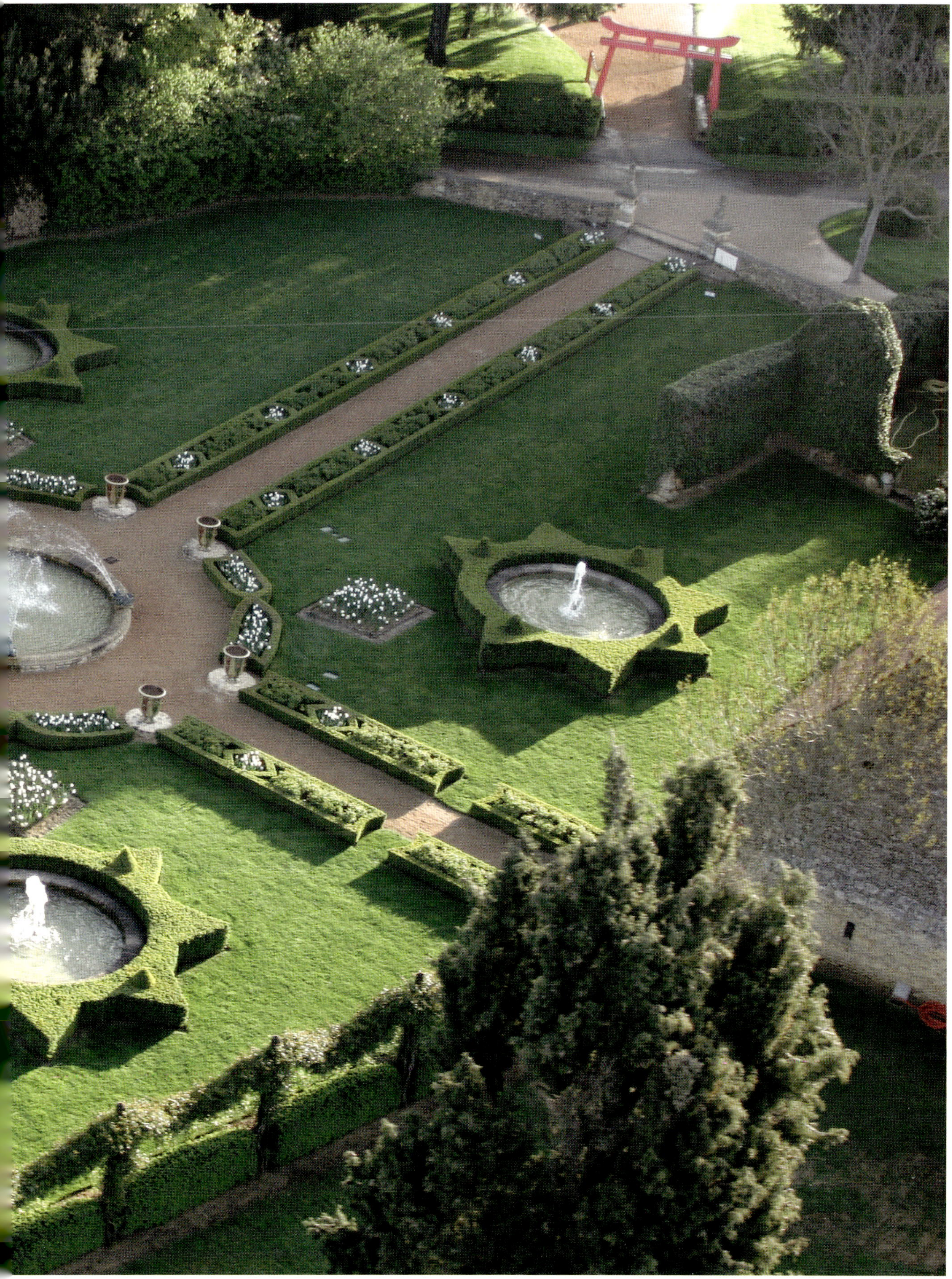

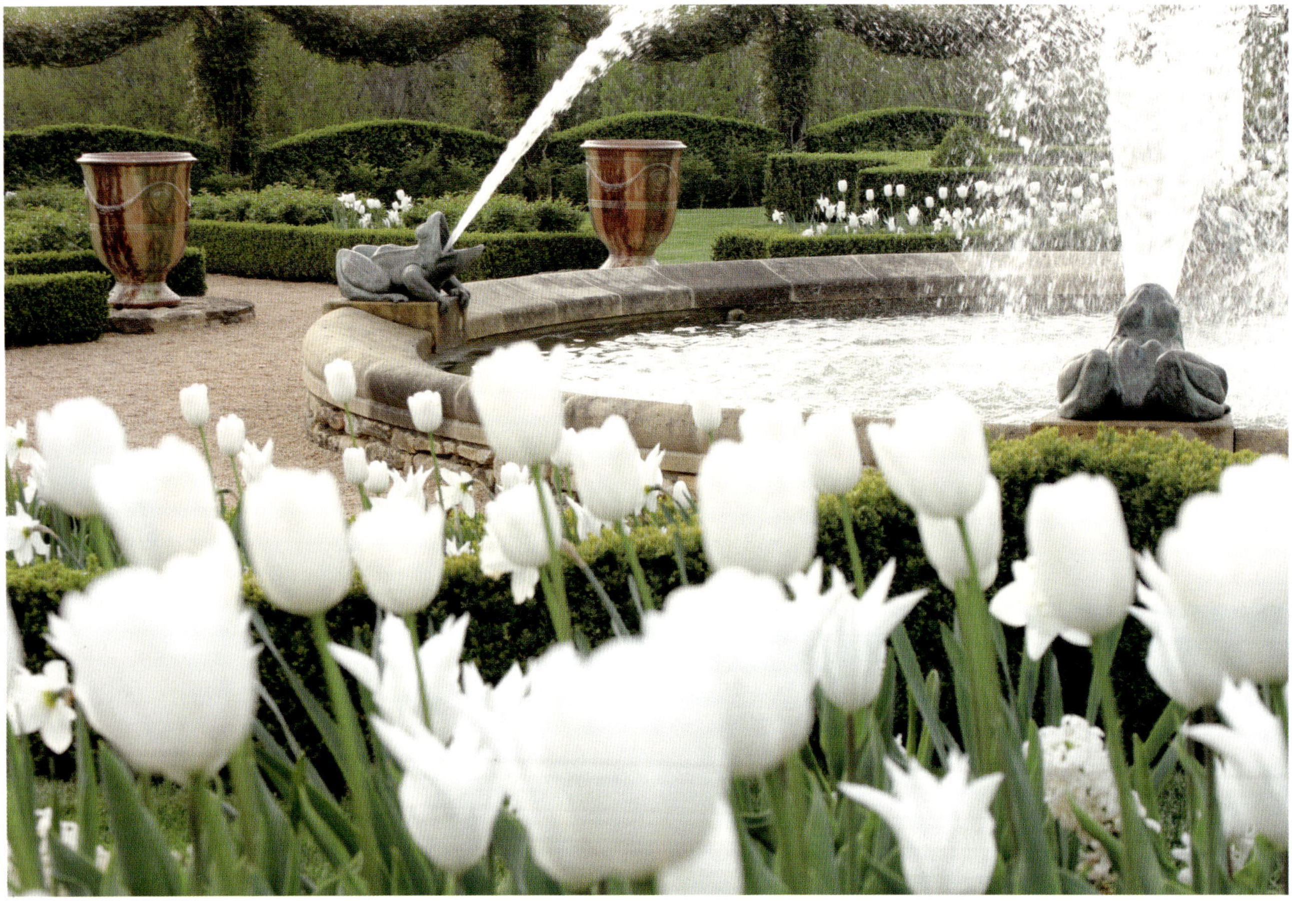

Le fleurissement de printemps est assuré par des bulbes blanc pur : jacinthes, narcisses et tulipes. Plusieurs variétés de tulipes du même blanc pur se succèdent pour assurer une floraison la plus longue possible (ici des 'Triomphe' et des 'Fleurs de Lis').

The spring display is provided by bulbs with pure white flowers : hyacinths, *Narcissus* cultivars and tulips. Several tulip cultivars of the same pure white (such as the Lily-flowered and Triumph Group ones shown here) follow on from each other to extend the flowering period as much as possible.

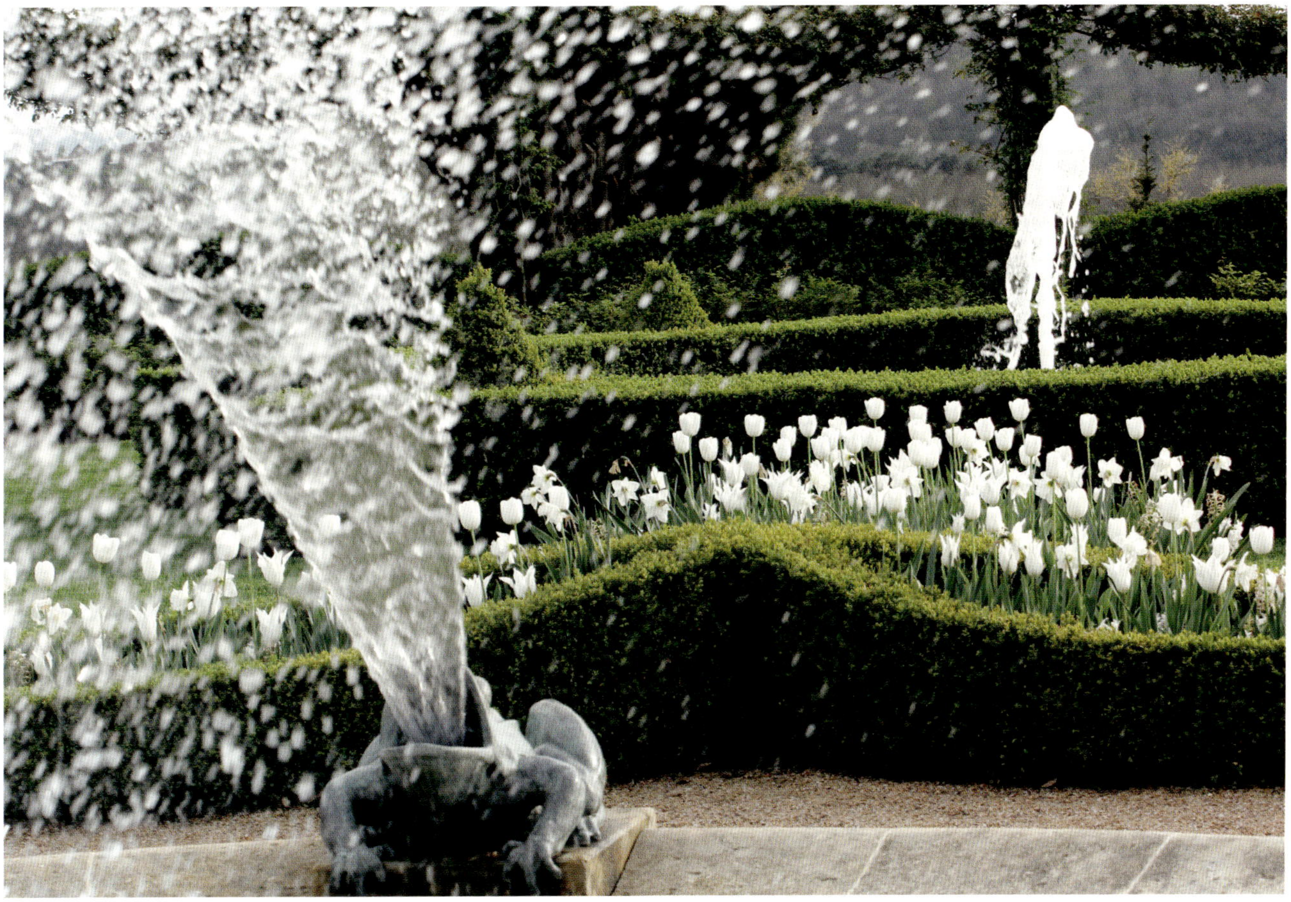

Les jets des fontaines accentuent encore l'effet de blanc et de pureté voulu dans ce jardin. Les sculptures en bronze proviennent des fonderies de Coubertin.

The fountains' jets accentuate even further the desired effects of whiteness and purity in this garden. The bronze sculptures came from the Coubertin foundries.

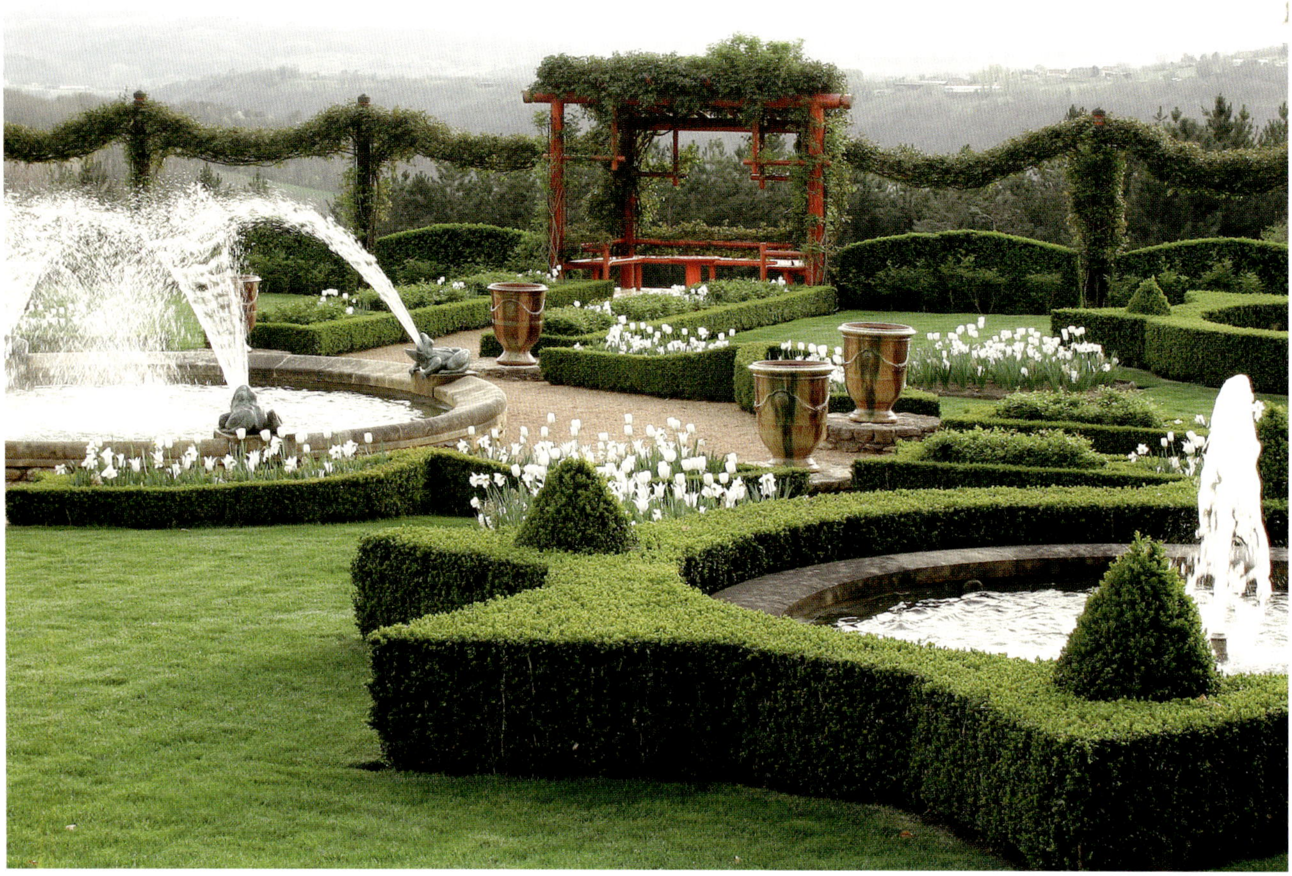

Au printemps, les massifs de buis vert tendre sont animés de bulbes à fleurs blanches qui contrastent nettement avec la pergola rouge.

In spring, the soft-green box-edged beds are brought to life by white-flowered bulbs that make a sharp contrast with the red pergola.

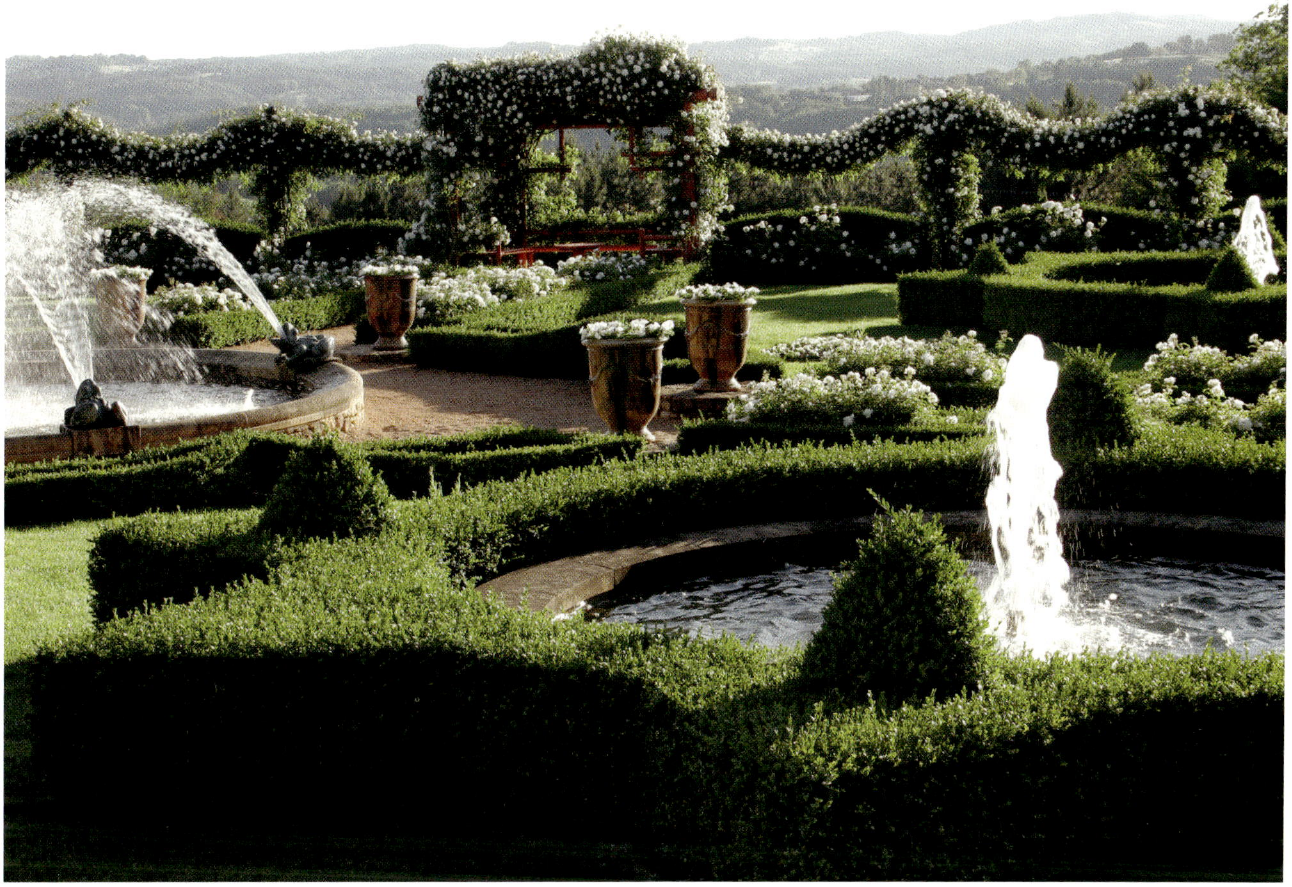

L'été, les rosiers 'Opalia', blancs eux aussi, garnissent à leur tour les parterres. Des pétunias blancs fleurissent les grandes potées d'Anduze. Les rosiers grimpants 'Fée des Neiges' (syn. 'Iceberg') et 'Albéric Barbier' festonnent la pergola et font écho au relief lointain.

In summer, 'Opalia' roses, also white-flowered, take their turn to grace the parterres. White petunias decorate the large Anduze vases. Climbing roses 'Albéric Barbier' and 'Climbing Iceberg' (syn. Fée des Neiges) festoon the pergola and echo the distant skyline.

DOUBLE-PAGE SUIVANTE

Le rosier grimpant 'Fée des Neiges' guidé sur la pergola fleurit tout au long de l'été. À son pied, on retrouve cette même variété, cette fois sous la forme de buissons qui accomplissent le même exploit grâce à un nettoyage quotidien des fleurs fanées.

NEXT DOUBLE-PAGE SPREAD

The rose 'Climbing Iceberg', trained on the pergola, flowers all summer long. Beneath it is the bush version of this rose, which does likewise, thanks to a daily removal of its faded blooms.

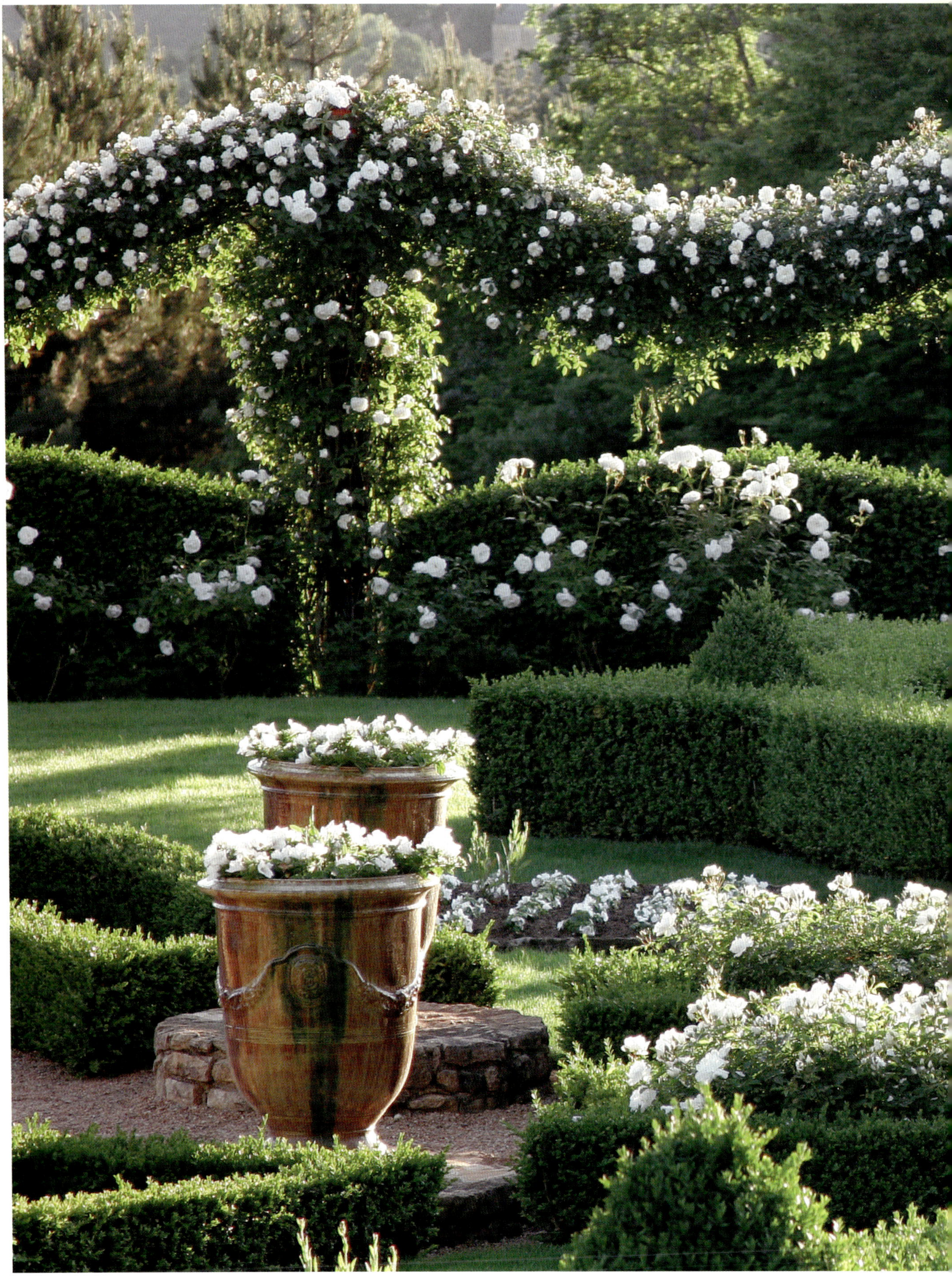

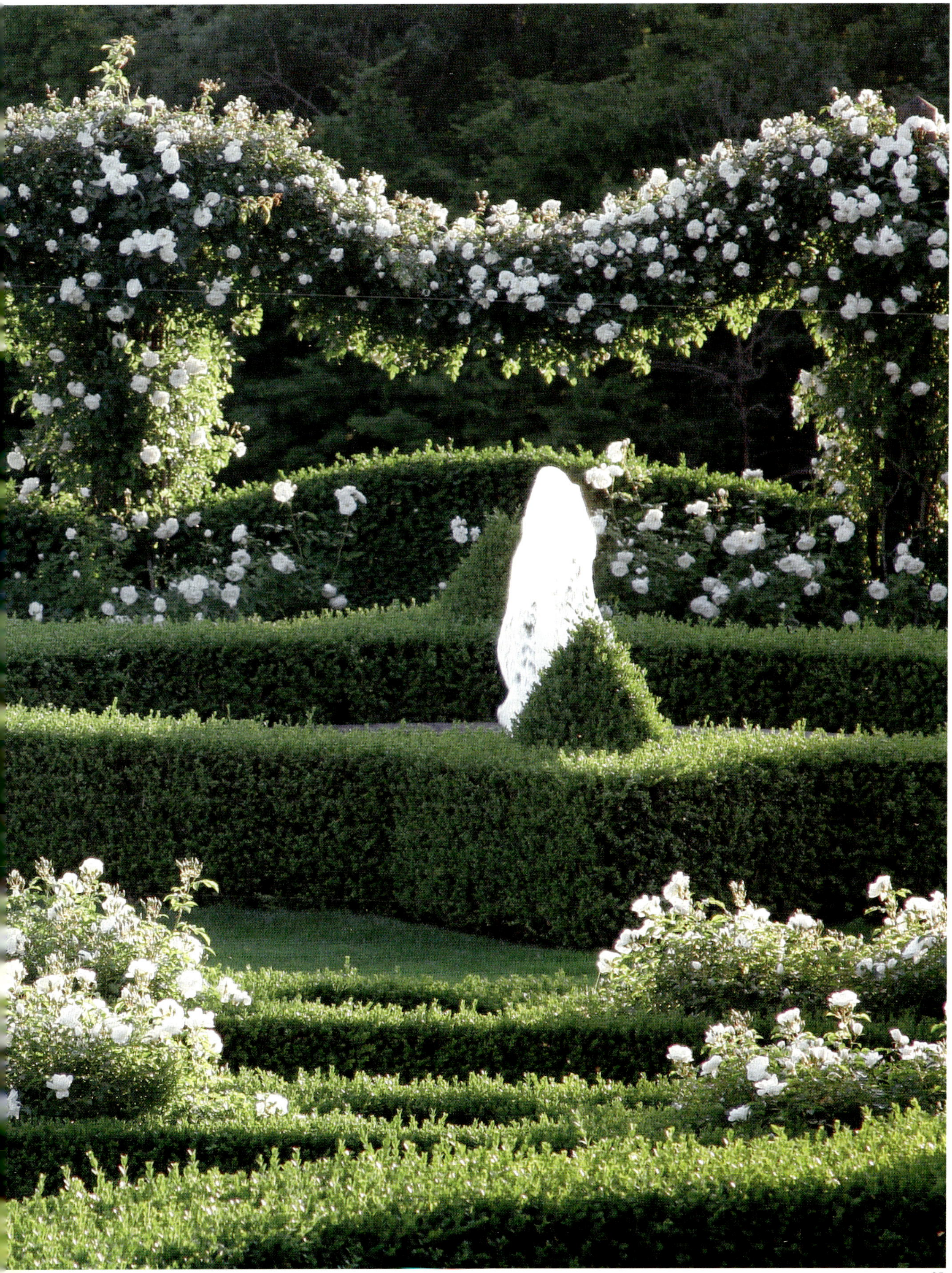

→ CAHIER TECHNIQUE

Six jardiniers assurent en permanence l'entretien des jardins d'Eyrignac. La taille des haies et des topiaires reste leur principale activité, avec la tonte des pelouses et surtout la découpe régulière de leurs bordures qui permet de maintenir le dessin du jardin dans toute sa netteté. Le choix des essences qui constitue le jardin est volontairement restreint aux valeurs sûres, utilisées traditionnellement dans les jardins à la française : charmes, buis et ifs.

TECHNICAL NOTEBOOK

Six full-time gardeners take care of the upkeep of the gardens of Eyrignac. The trimming of hedges and topiaries is their main activity, along with the mowing and, above all, the edging of the lawns that allows the precision of the design of the garden to be maintained. The choice of species used in the garden is deliberately restricted to those trusted stalwarts of the French garden : hornbeam, box and yew.

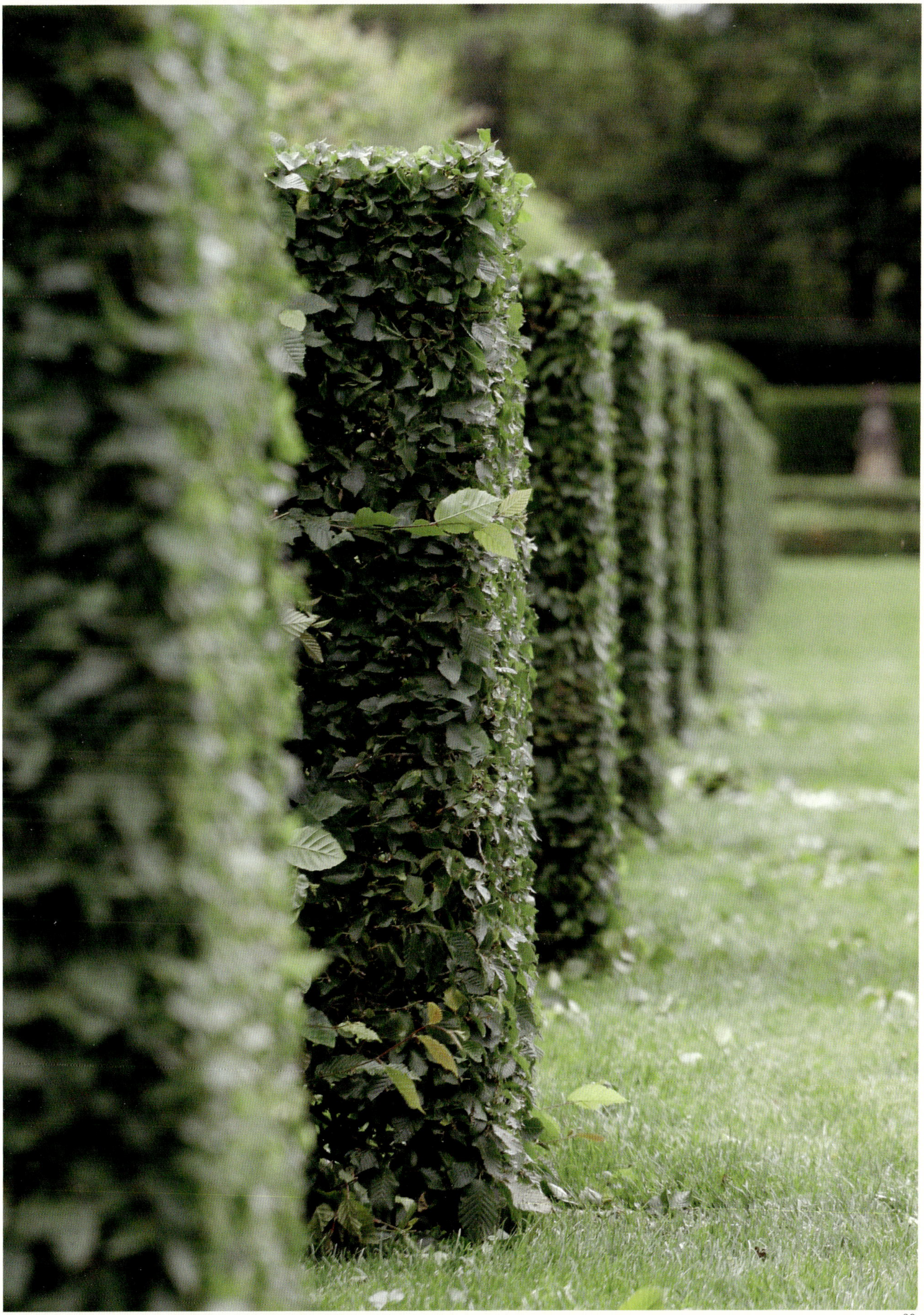

LE CHARME / HORNBEAM

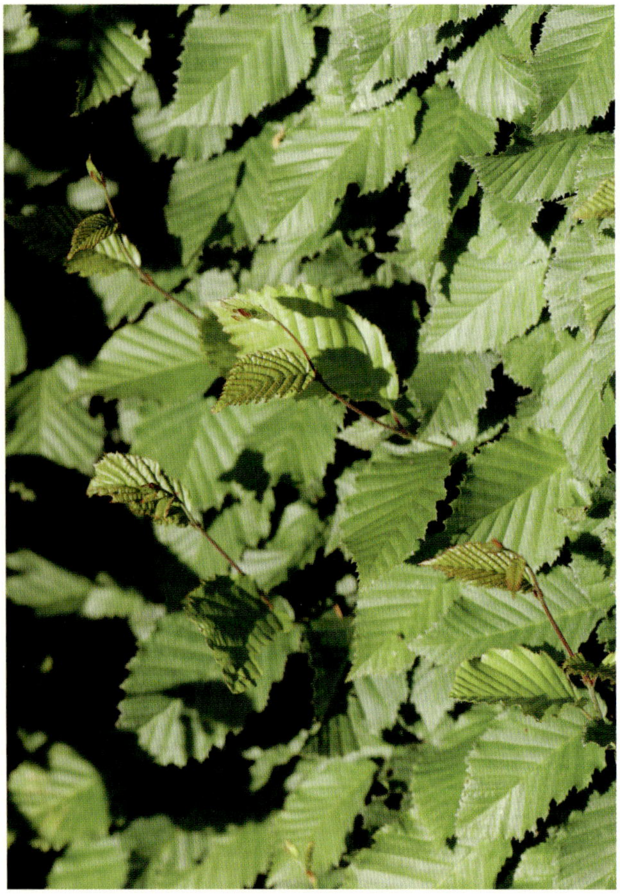

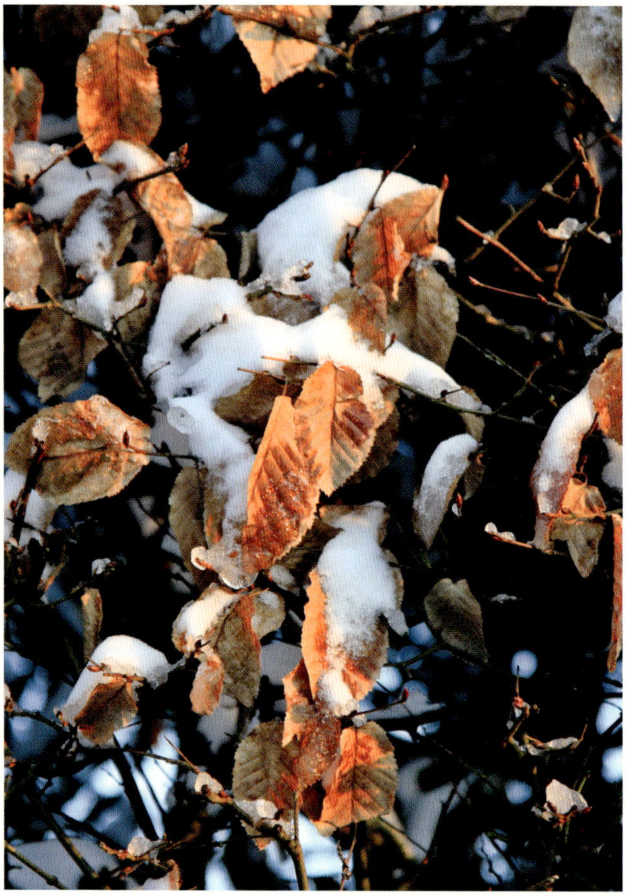

Le charme (*Carpinus betulus*) est un arbre de nos régions, parfaitement rustique et résistant au froid, comme à la sécheresse estivale. Son feuillage caduc se distingue de celui du hêtre par son relief « plissé » et les petites dents qui ornent le tour.

Hornbeam (*Carpinus betulus*), a tree native to these parts, is perfectly cold hardy and resists summer droughts equally well. Its deciduous foliage is similar to that of the beech, but they can be told apart by the "pleated" surface and finely toothed edges of the hornbeam's leaf.

La taille régulière du charme accentue un phénomène naturel appelé « marcescence » : une partie du feuillage sèche en automne et persiste ainsi sur les branches durant une grande partie de l'hiver.

Regular clipping of the hornbeam accentuates a natural phenomenon called "marcescence" : some of the foliage withers in autumn and the dead leaves remain on the branches for much of winter.

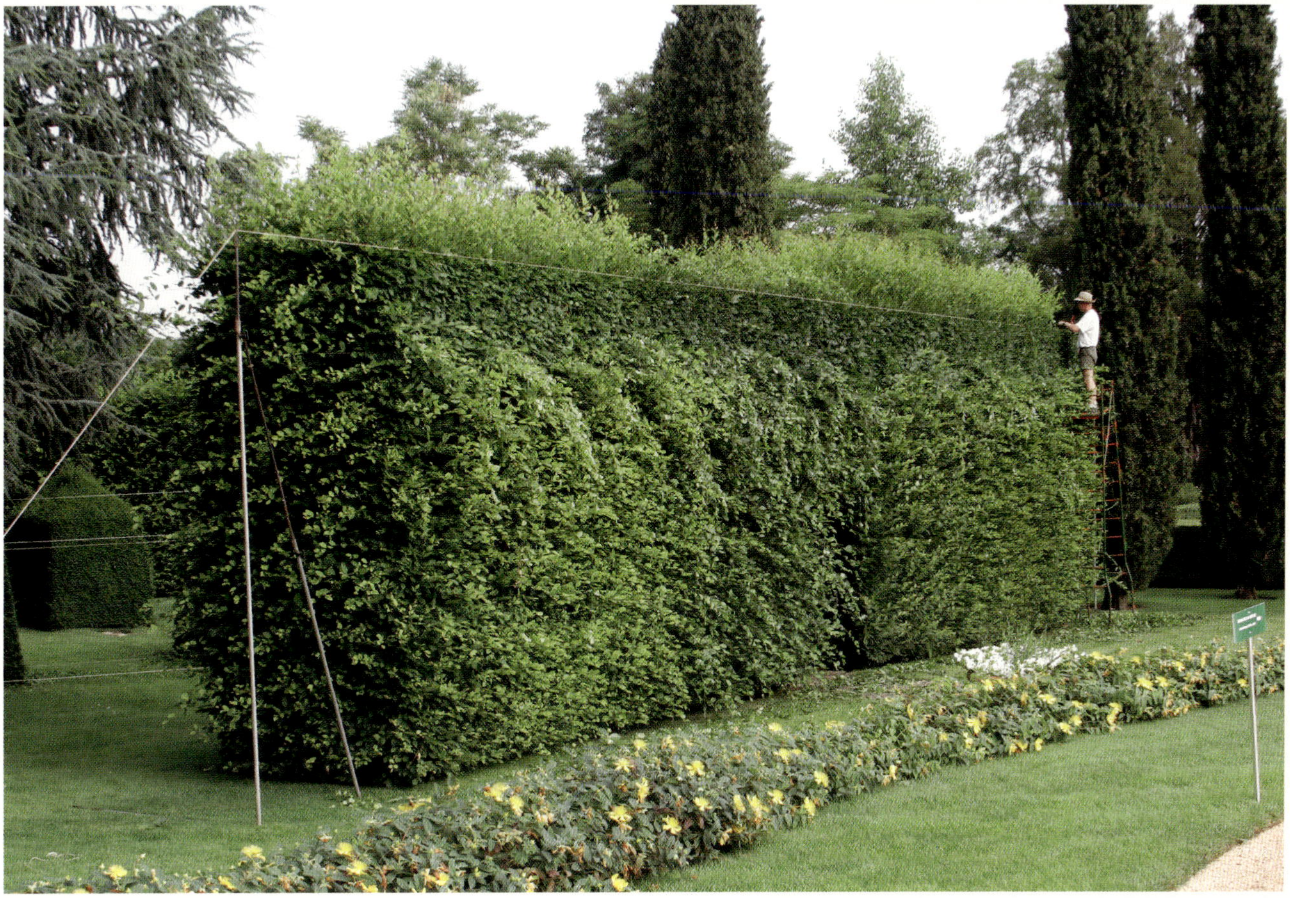

Dès la fin mai, la pousse vigoureuse des charmes rend les topiaires hirsutes. Débute alors la première taille, la plus importante. Il faut commencer par tailler les extrémités des contreforts pour assurer leur parfait alignement. La taille s'effectue toujours à l'aide de cisailles manuelles, bien plus précises et plus respectueuses du végétal qu'un taille-haie mécanique. L'œil et l'adresse des jardiniers sont très importants à cette époque car le moindre écart se remarquerait alors durant des semaines.

From the end of May, the hornbeam's vigorous growth makes the topiary look shaggy. This is when the first and most important pruning is begun, starting by trimming the extremities of the buttresses to ensure their perfect alignment. The clipping is always done with hand shears, as they are more precise and kinder to the plant than a mechanical hedge-trimmer. The gardeners' eye and skill are very important at this stage, for the slightest discrepancy will remain noticeable for weeks to come.

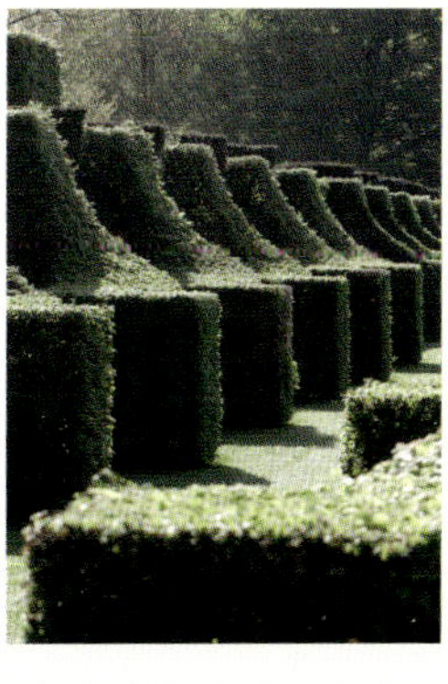

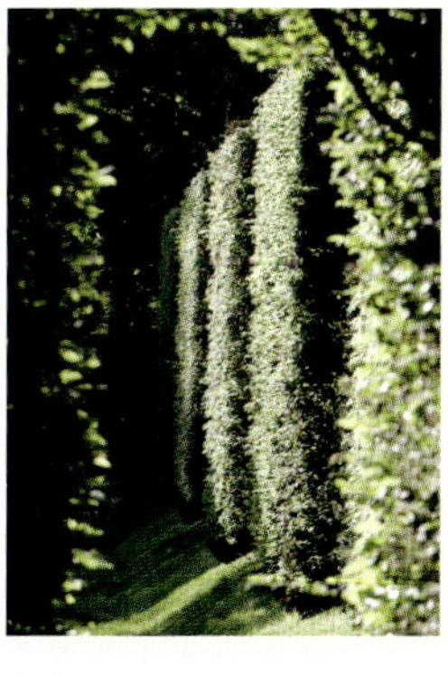

LE BUIS / BOX

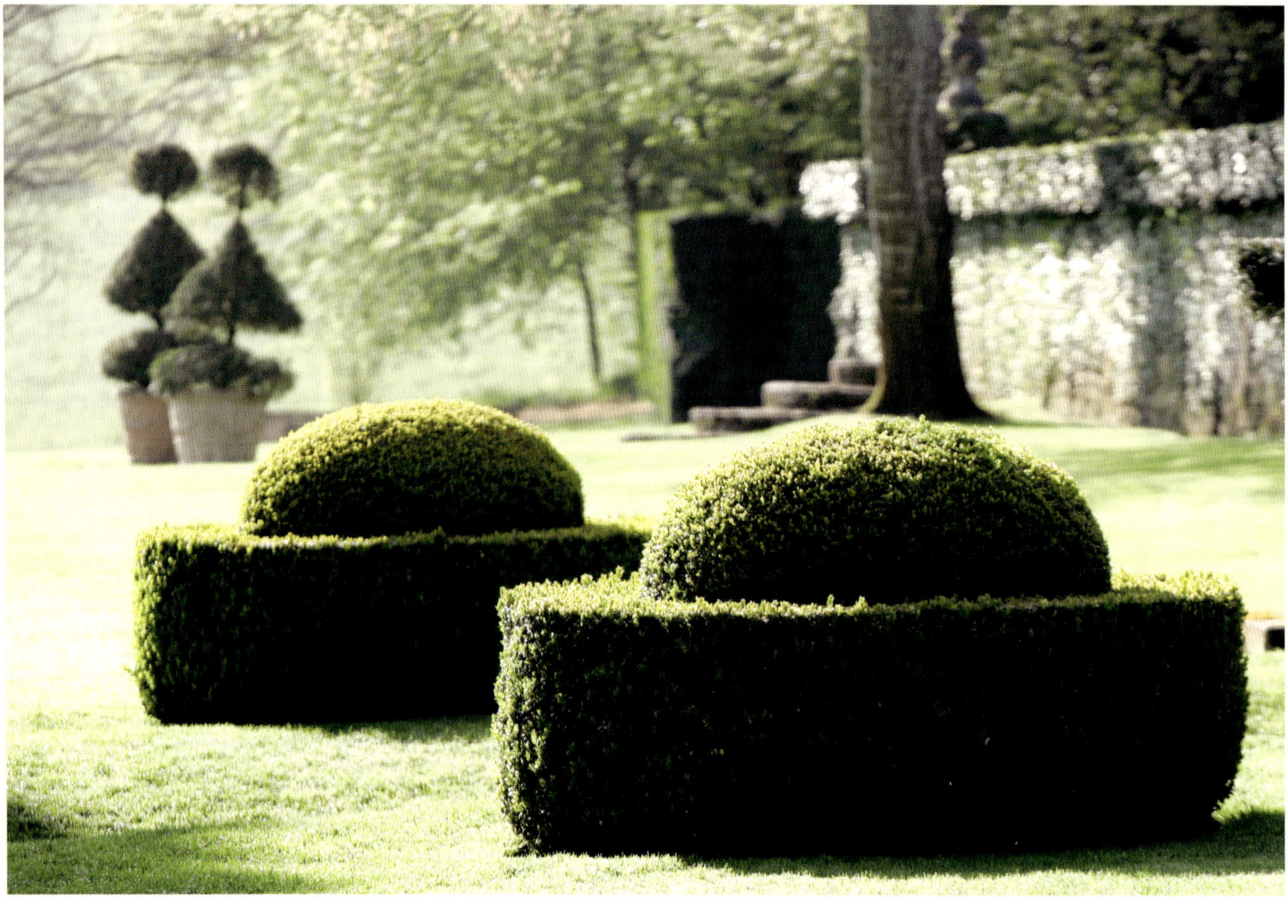

Les buis (*Buxus sempervirens* et *Buxus sempervirens suffruticosa*) poussent lentement et nécessitent « seulement » deux ou trois tailles annuelles (selon les années). Ils permettent de créer des structures plus souples et plus rondes.

Box (*Buxus sempervirens* and *B. sempervirens* 'Suffruticosa') grows slowly and needs 'only' two or three annual cuts (depending on the year). Box can be shaped into more supple, rounded structures than the other trees.

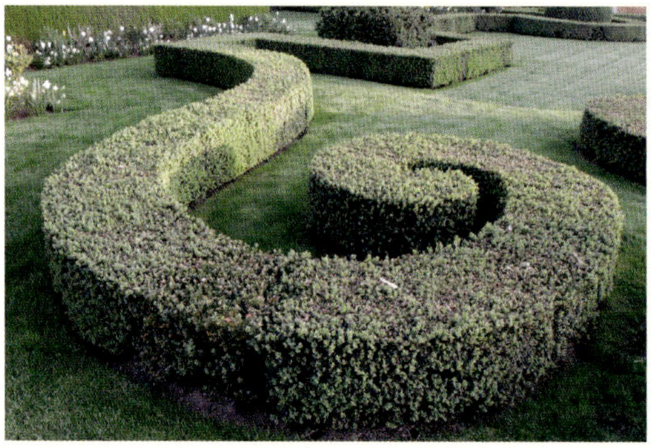

L'IF / YEW

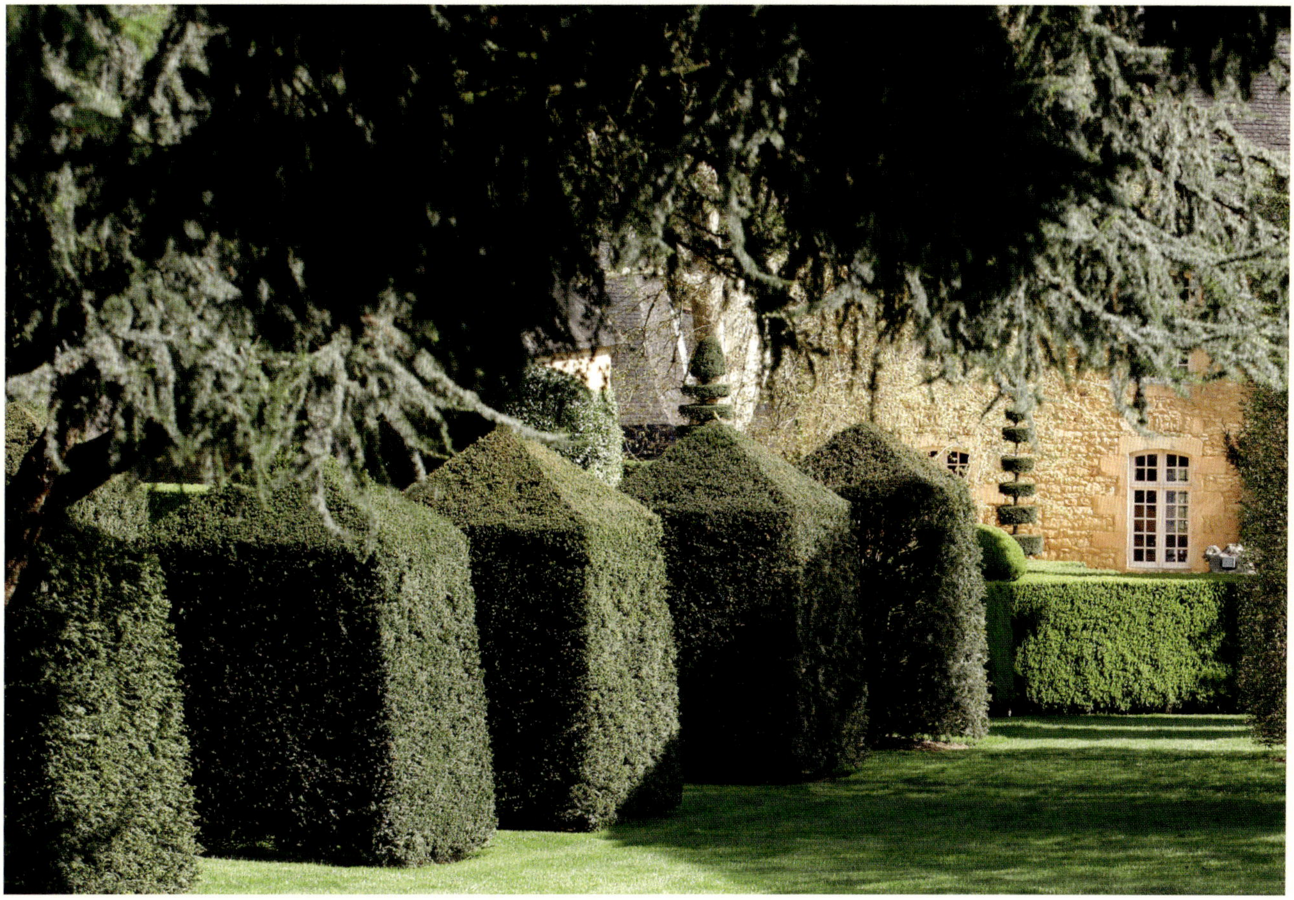

Les ifs (*Taxus baccata*) sont les meilleurs conifères pour les topiaires : vigoureux, ils se forment facilement, puis sont maintenus par deux tailles annuelles. Ils conviennent particulièrement aux formes massives ou aux formes étagées.

Yew (*Taxus baccata*) is the best conifer for topiary : being vigorous, it is easy to shape, but it can then be maintained by two clippings a year. It is particularly suitable for creating solid or stepped forms.

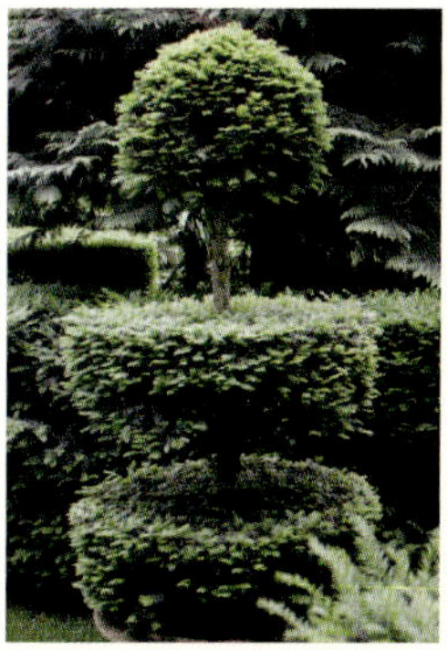

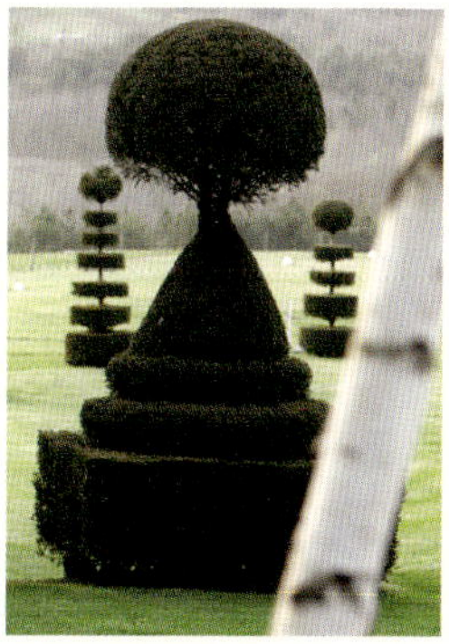

EYRIGNAC

ADRESSE ET CONTACT

ADDRESS AND CONTACT DETAILS

Les Jardins du Manoir d'Eyrignac
24590 SALIGNAC
Tél. : 05 53 28 99 71 (from abroad : + 33 5 53 28 99 71)
Fax : 05 53 30 39 89
contact@eyrignac.com
www.eyrignac.com

OUVERTURE

Les jardins sont ouverts tous les jours de l'année sans exception (Ouverture de la billetterie jusqu'à 19 h).

- du 1er janvier au 31 mars : de 10 h 30 à 12 h 30 et de 14 h 30 à la tombée de la nuit.
- du 1er au 30 avril : de 10 h à 19 h sans interruption*.
- du 1er mai au 30 septembre : de 9 h 30 à 19 h sans interruption*.
- du 1er au 31 octobre : de 10 h à 19 h sans interruption*.
- du 1er novembre au 31 décembre : de 10 h 30 à 12 h 30 et de 14 h 30 à la tombée de la nuit.

* Entrée possible jusqu'à 19 h.

OPENING TIMES

- 1 January to 31 March: from 10.30 to 12.30 and from14.30 until dusk (closed 12.30 to 14.30).
- 1 April to 30 April : from 10.00 to 19.00*.
- 1 May to 31 October : from 09.30 to 19.00*.
- 1 November to 31 December : from 10.30 to 12.30 and from 14.30 until dusk (closed 12.30 to 14.30).

* Admission all day until 19.00.

RENSEIGNEMENTS COMPLÉMENTAIRES

- Visite guidée pour les groupes toute l'année sur réservation (Parcours de visite des jardins et restaurant facilement accessibles)
- Accès partiel des jardins aux personnes handicapées moteur
- Parkings gratuits et ombragés (sans manœuvre pour les cars)
- Camping-cars bienvenus
- Aire de pique-nique ombragée
- Boutique cadeaux, toilettes
- Chiens tenus en laisse bienvenus
- Piste d'atterrissage homologuée pour avion et hélicoptère (accessible sur demande écrite préalable).

FURTHER INFORMATION

- Guided visits for groups can be booked all year round (the route around the gardens is easily accessible, as is the restaurant)
- Partial access to the gardens for disabled mobility vehicles
- Free, shaded parking (with parking and turning space for coaches)
- Camping vans and motorhomes welcome
- Shaded picnic area
- Gift shop, toilets
- Dogs are welcome if kept on leads
- Authorised landing strip for aircraft and helicopters (accessible by prior written request)

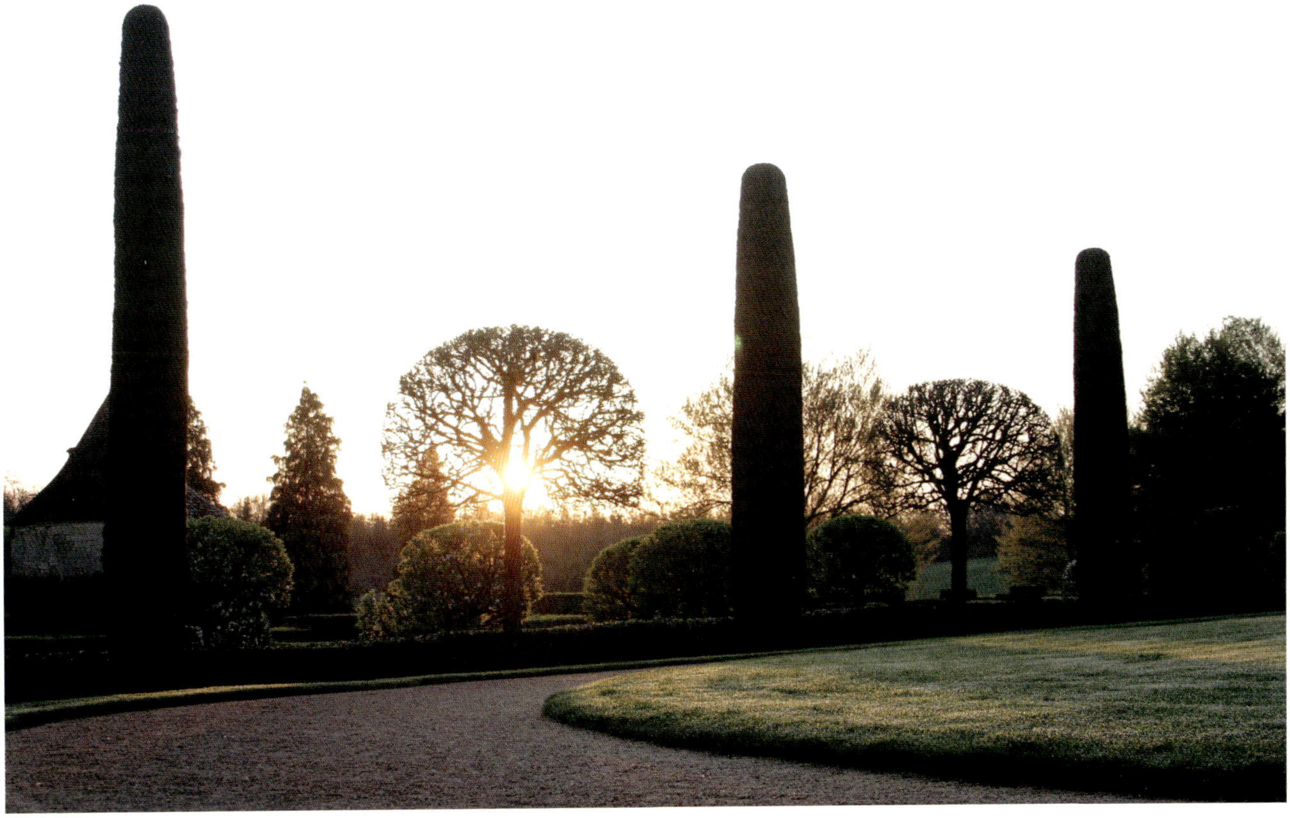

CRÉDITS PHOTOGRAPHIQUES

Toutes les photographies
sont de Eric Sander

All photographs by Eric Sander

ISBN : 978-2-84138-448-8
2010 Les Éditions Eugen Ulmer
24, rue de Mogador 75009 Paris
Tél. : 01 48 05 03 03 – Fax : 01 48 05 02 04
www.editions-ulmer.fr
Conception graphique : Guillaume Duprat
Responsable éditorial : Didier Willery
English translation : Simon Garbutt
Impression : Gruppo Editoriale Zanardi
Dépôt légal : avril 2010
Printed in Italy by Printer trento s.r.l.
N° d'édition : 448-02